The Anxiety of Influence

A Theory of Poetry

(Second Edition)

当　代　世　界　学　术　名　著

影响的焦虑

——一种诗歌理论

[美] 哈罗德·布鲁姆（Harold Bloom）／著
徐文博／译

中国人民大学出版社
·北京·

“当代世界学术名著”
出版说明

中华民族历来有海纳百川的宽阔胸怀，她在创造灿烂文明的同时，不断吸纳整个人类文明的精华，滋养、壮大和发展自己。当前，全球化使得人类文明之间的相互交流和影响进一步加强，互动效应更为明显。以世界眼光和开放的视野，引介世界各国的优秀哲学社会科学的前沿成果，服务于我国的社会主义现代化建设，服务于我国的科教兴国战略，是新中国出版工作的优良传统，也是中国当代出版工作者的重要使命。

中国人民大学出版社历来注重对国外哲学社会科学成果的译介工作，所出版的“经济科学译丛”“工商管理经典译丛”等系列译丛受到社会广泛欢迎。这些译丛侧重于西方经典性教材；同时，我们又推出了这套“当代世界学术名著”系列，旨在移译国外当代学术名著。所谓“当代”，一般指近几十年发表的著作；所谓“名著”，是指这些著作在该领域产生巨大影响并被各类文献反复引用，成为研究者的必读著作。我们希望经过不断的筛选和积累，使这套丛书成为当代的“汉译世界学术名著丛书”，成为读书人的精神殿堂。

由于本套丛书所选著作距今时日较短，未经历史的充分淘洗，加之判断标准见仁见智，以及选择视野的局限，这项工作肯定难以尽如人意。我们期待着海内外学界积极参与推荐，并对我们的工作提出宝贵的意见和建议。我们深信，经过学界同人和出版者的共同努力，这套丛书必将日臻完善。

中国人民大学出版社

“一本薄薄的书震动了所有人的神经”

（代译序）

徐文博

本书作者哈罗德·布鲁姆是耶鲁大学文学教授、文学批评家，曾与耶鲁大学另外三位解构主义文学批评家杰弗里·哈特曼、保罗·德·曼和希利斯·米勒在 1979 年合作出版了《解构与批评》一书，人称“耶鲁四人”。

布鲁姆生于 1930 年，年逾古稀仍执教耶鲁，且笔耕不辍。布鲁姆著作等身，但他在西方（乃至中国）文学界产生影响最大者当推其早期代表作《影响的焦虑》（*The Anxiety of Influence*，1973 年），以及在本书基础上发展起来的关于“诗的误读”的四部曲，即《影响的焦虑》、《误读之图》（*A Map of Misprision*，1975 年）、《神秘哲学与批评》（*Kabbalah and Criticism*，1975 年）、《诗歌与压抑》（*Poetry and Repression*，1976 年）。至于布鲁姆的后期著作，我国读者比较熟悉的是他依据个人观点对欧美文学传统所做的一个历史小结：《西方正典》（*The Western Canon*，1994 年）。

1973 年《影响的焦虑》付梓时，布鲁姆 43 岁，正值书生意气风发、不惧推陈立新之人生阶段。他在书中运用了弗洛伊德的家庭罗曼史理论，结合尼采的超人意志论和保罗·德·曼的文本误读说，通过对传统影响的焦虑感的阐发，提出了独树一帜的“诗的误读”理论，名之为“逆反批评”（Antithetic Criticism），即批评界所谓的布氏“诗的影响论”，亦称“误读理论”或“焦虑法则”。此书一出，影响甚大，引起欧美文学评论界的高度关注。某些西方学者认为，布鲁姆用“一本薄薄的书震动了所有人的神经”。在随后的论著里，特别在“诗的误读”四部曲的后续三部里，布鲁姆对自己的诗论不断丰富和修正，最终形成“二十年来最大胆最有创见的一套文学理论”。

布鲁姆对“影响”的“焦虑”的理论反映了诗人对传统影响扼杀新人独创空间的焦虑情结，显示出敢于同传统决裂的气概。布鲁姆的理论聚焦于展现在读者面前的共时性的具体的诗作，而对所论及的不同诗人的作品的历时性侧面则有意识地轻描淡写。布鲁姆诗论中所谓的“修正”及“逆反”，从本质上分析，实际上就是“迟来者诗人”有意回避——从而削弱或消解——“前驱诗人”（即传统）对其诗作之影响的各种广义的修辞技巧。布鲁姆运用了现代心理分析学的“误释”（misprision）和“逆反”（antithetic）等概念，把一首首具体的诗歌作品从历史和传统背景的框架中分离出来，让它们自在于历时性的瓜葛和共时性的羁绊之外，以一篇篇天马行空式的独立文本的身份，来经受本书开列的六种“修正比”的检验和审视。

布鲁姆的“诗的误读”理论的客体仅限于启蒙运动之后的英美主要诗人，即本书所谓的“强者诗人”（strong poet）。他把 1740 年以降直至当代的英美诗歌传统均划入他的诗学上的“浪漫主义”阶段。在这一基本时间架构里，他着力研究各个强者诗人之间的相互关系。布鲁姆认为，在这一广义的浪漫主义阶段，弥尔顿和惠特曼（加上爱默生）分别是英美两国诗歌传统的影响源头。对于以弥尔顿和惠特曼为代表的诗歌传统，“迟来者诗人”处于一种甚为尴尬的境地——总是处于传统影响的阴影里。怎样才能摆脱这个阴影，使自己的诗作“显得”并未受到前人的影响，从而足以跻身强者诗人之列呢？由此形成了“影响的焦虑”，即对传统影响的心理焦虑，或由于传统影响而产生的焦虑感。布鲁姆从互文性视角阐述了这种焦虑的起因，并以“误释”和“逆反”为理论基础，提出了超越"影响的焦虑"的不二法门——解构式修正。

根据布鲁姆的理论，"诗的传统—诗的影响—新诗形成"乃是一代代诗人误读各自的前驱者的结果。时至今日，诗歌的各种主题和技巧都已经被千百年来的大诗人们使用殆尽。因此，当代诗人难以使用正常的手段去光明正大地超越前辈巨擘的成就。然而，既然我们对前人诗歌的理解基本上是人云亦云，是前人千百次"误读"的结晶，那么，我们为什么不能用各种方式去"误读"和"修正"我们的前人，亦即贬低我们的前人，从而树立我们自己的风格与之抗衡呢?

对于诗的传统和传统诗人，布鲁姆基本持否定的态度。他认为，渴望跻身强者诗人之列的当代诗人——新人（ephebe）——就像一个具有俄狄浦斯情结的儿子。他面对着诗的传统——他之前的所有强者诗人——这一咄咄逼人的父亲形象，两者的关系是绝对的对立，是后者对前者的绝对的压迫。传统企图压倒和毁灭新人，阻止其树立起自己的"强者诗人"的地位。而新人则试图用各种有意和无意的对前人诗作的"误读"，达到贬低和否定传统价值的目的。

布鲁姆的"误读理论"围绕着西方启蒙运动之后的英美主要诗人。如上所述，布鲁姆把自启蒙运动迄今的整个时代都划进"浪漫主义"的范畴。其间，华兹华斯以其独特的浪漫主义诗歌取得了足以与弥尔顿分庭抗礼的地位，从弥尔顿的阴影中脱颖而出，成为这一时代最杰出的强者诗人。与此同时，惠特曼则以美国式的浪漫主义——超验主义的手法独树一帜。布鲁姆武断地认为：在弥尔顿之前，前驱诗人对迟来者诗人的影响是健康的、慷慨的，并不使迟来者诗人感到焦虑。但是，进入浪漫主义时代以后，诗歌完全脱离了文艺复兴的轨道，染上了越来越多的个人意识（subjective)，前驱诗人的影响变成某种使后人无法摆脱的焦虑。这里，布鲁姆竭力抛开历时性束缚，他进行的是一种超越历史和时间的纯文本性比较。对于这种纯文本性比较，迟来者诗人和前驱诗人的作品实际上都不是独创的或独立的"诗"，它们只是各种前人的"诗"的文本的交叉体现（intertextuality)。

为了形象地描述诗的影响与焦虑感的内在联系，布鲁姆借用了弗洛伊德心理分析学的“家庭罗曼史”模式。强者诗人之“自我”（ego）的形成是一个无意识的、不可逆转的过程。在这一过程里，前驱诗人的形象无时无刻不存在于迟来者诗人的“本我”（id）之中，两者之间的关系类似弗洛伊德“家庭罗曼史”之父子相争关系。其结果是，在迟来者诗人的心理上形成了对影响的焦虑的第一情结（primal fixation of influence）：由于诗歌的主题和技巧早已被千百年来的前驱诗人发掘殆尽，因而迟来者诗人要想崭露头角，唯一的办法就是把前人的某些次要的、不突出的特点在“我”身上加以强化，从而造成一种错觉——似乎这种风格是我首创的，前人反而似乎因为巧合而在模仿“我”。布鲁姆在本书中首创的——并以主要篇幅加以阐述的——六种“修正比”实质上就是六种削弱前人、壮大新人的技巧。在这里，“修正”一词带有“重新审视”、“否定”甚至“推翻”的含义。

布鲁姆认为，在迟来者诗人的潜意识里，前驱诗人是一种权威和“优先”（priority）——首先是历时性层面上的优先，是一个爱和竞争的复合体。以此为发轫点，迟来者诗人在步入诗歌王国的一刹那就开始忍受“第一压抑感”（primal repression）。他无可避免地——有意识或无意识——受到前驱诗人的同化，他的个性遭受着缓慢的消融。为了摆脱前驱诗人的影响阴影，迟来者诗人就必须极力挣扎，竭尽全力地争取自己的独立地位，争取自己的诗作在诗歌历史上的一席之地。如果没有这种敢于争取永存的“意志力”（will to divination），迟来者诗人就谈不上取得成功，就不可能成长为强者诗人。于是，在压抑感里迸发出一种进行“修正”运作的动力，使得迟来者诗人能够顶住前驱和传统的强大影响，获得一定程度的独立和胜利。18 世纪以来的大诗人——强者诗人——都生活在弥尔顿的阴影下，而当代的英美诗人则生活在这些与弥尔顿进行殊死搏斗后站稳了脚跟的诗坛巨擘的阴影里。这些诗坛巨擘包括英国的布莱克、华兹华斯、济慈，美国的爱默生、惠特曼和史蒂文斯。当代诗人当然是“迟来者诗人”，他们必须敢于跟上述诗坛巨擘——新一代强者诗人——做殊死的抗争，对其进行“修正”，才有可能为自己争得一席之地。布鲁姆为他们设计了六种“修正”的手法，即六种

"修正比":

1. "克里纳门"(Clinamen),意为诗的误读或者有意误读;

2. "苔瑟拉"(Tessera),意为"续完和对偶",即有针对性地对前驱诗的续完;

3. "克诺西斯"(Kenosis),意为"重复和不连续",即打碎与前驱的连续运动;

4. "魔鬼化"(Daemonization)或"逆崇高"(The Counter Sublime),意为朝着个性化方向的"逆崇高"运动,是对前驱之"崇高"的反动;

5. "阿斯克西斯"(Askesis),旨在达到孤独之自我净化;

6. "阿波弗里达斯"(Apophrades),意为"死者的回归",到了最后一个"修正"境界,迟来者诗人的成就似乎可以使前驱诗人退居次席。

在写作风格层面审视布鲁姆的文学批评著作,我们似乎也看到了作者本人对影响的焦虑。为了与前人的文学理论(以及当代其他文论家的多元理论体系)一争高低,布鲁姆十年磨剑,铸就"诗的误读"四部曲,首创厚今薄古的六种"修正比"。从总体上看,他的理论体系的最明显的特征就是富有时代的挑战性,敢于否定前人。出于对"影响"的焦虑,他有意识地使用许多深奥的象征性意象,下了功夫从东西方的文化故纸堆里发掘出相当数量的意义晦涩的术语。同时,在西方学术界,布鲁姆是罕有的——甚至可能是唯一的——敢于打破常规,敢于冒着被人指责为"剽窃"的风险,在自己的学术著作中不提供"参考书目"和"注释"的学者。在本书中,他仅仅在英文版版权页上以很小的字标示出书中引用的若干诗句的出处(见本书中文增订版说明)——且只给书名,并未标明页码。到了后期作品,如《西方正典》里,则不但没有参考书目和注释,连版权页上那一点敷衍了事的交代也不再提供了。布鲁姆这样有意识地采用晦涩的文风,且在主旨甚为深奥的学术著作中不提供注解和参考书目,必然大大提高了理解的难度,使得不少研究者望而却步。至于他的这种手法有没有成功地摆脱"影响的焦虑",答案只能见仁见智了。

此外，有必要强调一点：布鲁姆虽然自称其“误读”理论是一种“实用的辩证诗学”，但是他在本书初版时尚未跳脱美国式的实用主义窠臼。在当时，他也许还不敢触动英国文艺复兴时期的文学巨人莎士比亚，也许他还未准备好对莎士比亚及其原创性做深入思考，所以，在其自诩的“辩证的诗学”里，我们看到，他静止地为其适用范围画下了一条不可逾越的界线——不适用于莎士比亚时代的诗歌。他当时认为，莎士比亚是英语诗歌的完美典型，莎士比亚的时代是巨人的时代，不存在能够对他产生“影响”、足以使他“焦虑”的前驱诗人。这种辩解似乎难以令人信服，也有待进一步更正或再阐释。

本书问世后引起读者的极大兴趣，文论界对其争论激烈，褒贬不一。一本书的成功也莫过于此。上述在莎士比亚问题上的自闭做法，就布鲁姆而言，初版时仅仅是一带而过，只用了区区一小段文字。但客观上它成了本书的一个硬伤，也成了布鲁姆的一块心病。为此，当本书1997年在美国再版时，布鲁姆专门写了一篇长达37页（英文版）的前言。在这篇再版前言里，布鲁姆承认了在莎士比亚问题上的草率。他用了相当大的篇幅比较详细地论述了马洛作为莎士比亚的主要前驱对莎士比亚施加的影响、莎士比亚所承受的“影响的焦虑”和他最终以压倒性的胜利彻底摆脱了马洛的影响，从而达成“诗的影响迄今取得的最伟大的胜利”。这篇再版前言可以视为本书的一个重要的组成部分，也可看作一篇独立的论文。布鲁姆作为当代西方文论界的泰斗人物，能够放下身架，做出一个认错检讨的姿态，确属难能可贵。令人联想起尤金·奈达在耄耋之年勇于否定自己以毕生之力树立起来的“翻译是科学”的理论。这种对学术的严谨的勇气值得国内学界借鉴。[①]

2005年10月于深圳大学

① 2019年3月由中国人民大学出版社再版。

献给威廉·K. 韦姆萨特

说　明[①]

A.R. 阿蒙斯诗歌中的引文出自他的《城市边界》一诗，见 A.R. 阿蒙斯著《简短诗集》，诺顿出版社，纽约，1971 年。

《生活在桌面上》一诗中的引文出自约翰·阿什贝利著《一些树》，耶鲁大学出版社，纽黑文，1956 年。

《片段》一诗中的引文出自约翰·阿什贝利著《片段：诗集》，黑麻雀出版社，洛杉矶，1969 年。

《最快捷修补》一诗中的引文出自约翰·阿什贝利著《双重春梦》，杜顿出版社，纽约，1970 年。

《弗洛伊德和未来》一文中的引文出自托马斯·曼恩著《三十年文集》，罗伊·波特英译，阿尔弗列德·A. 克诺泼夫出版社，纽约，1968 年。

华莱士·史蒂文斯诗歌中的引文出自霍莉·史蒂文斯编《思想终点的棕榈树》，阿尔弗列德·A. 克诺泼夫出版社，纽约，1971 年。

---

① 这是布鲁姆此书英文版权页上列的书目，交代了正文中所引诗句的出处。这也是布鲁姆作为解构主义者的一个特色，其隐含的意义是“解构掉作者的权威”（to deconstruct the author's authority）。——译注

华莱士·史蒂文斯书信中的引文出自霍莉·史蒂文斯编《华莱士·史蒂文斯书信集》，阿尔弗列德·A. 克诺泼夫出版社，纽约，1966 年。

西奥多·罗斯克诗歌中的引文出自贝特莉丝·罗斯克编《西奥多·罗斯克诗集》，双日出版社，纽约州加顿市，1966 年。

目 录

再版前言：玷污的苦恼

哈罗德·布鲁姆

一

《影响的焦虑》之初稿大部分于 1967 年写出，嗣后五年屡经修改，终于在 1973 年 1 月付梓。拙著问世二十年来，学界反应至今褒贬不一，我亦感到兴趣盎然，于是写下这篇前言。本文旨在对本人有关影响运作机制之认识进行某种澄清与增补，并非对原书做解释。目前，在大多数社会领域里——包括高雅艺术、学术科目甚至公众领域——有关影响运作机制的理论研究仍然处于空白状态。我对海德格尔一直持很强烈的反对态度，但有一点他很值得我学习：他每次只思考一件事，心无旁骛，一以贯之。“影响”无止境，莎士比亚笔下的“影响”一词具有两个相异却又相关的含义。看《哈姆雷特》第一幕，“鬼魂”即将第二次登台时，学者霍瑞修回忆起莎士比亚在《恺撒大帝》里描绘过的场面：

> 一代豪杰朱利叶斯·恺撒遇害前不久，
> 坟墓里无人居住，披着殓衾的死人
> 在罗马街道上啾啾鬼语。
> 星辰拖着火尾，露水带血，

太阳灾变；而那潮润的星球
虽然影响着海神的帝国
却因月食而病入膏肓。

（朱生豪　译文）

莎士比亚走笔至此，可能想起了两年前——1598 年——的情景，那时他正在创作《亨利四世》（第二部）里福斯塔夫的最后一个场景。是年，英国出现一次日食、两次月食，一时思想混乱，谣言纷起，甚至流传“1600 年将是世界末日”的预言。然而，莎士比亚在 1600 年不但未见末日审判，反而因《哈姆雷特》而一举成名。但是，霍瑞修在本质上不是丹麦人，而是古罗马人。他还在对“太阳灾变”耿耿于怀。这让我们想起星相学上有关星运乖蹇之影响理论以及月亮（“潮润的星球”）光辉注入潮汐的学说。星球之光辉对我们命运与性格的“流入”是“影响”一词的初始意义，且在莎士比亚笔下的人物那里得到人格化。同时，在莎士比亚的十四行诗和戏剧里，“影响”一词还有第二重含义——“灵感”。在我写作《影响的焦虑》及其续篇《误读之图》时，有一首十四行诗曾经影响过我，但我在这两本著作中却有意不加引用。现在，我将此诗录于此：

再会！你如此珍贵而高不可攀，
你肯定也知道自身的价值：
你的身份赋予你取舍的权利；
我对你的所有权到此全部终止。
没有你的许可，我又怎能拥有你？
我又怎能享受这样的财富？
没有理由收受这美妙的赠品，
我就只好将它回归原处。
你曾将自己给了我，是你低估了自己，
或者是我，你倾心过的人，将你误解；
既然是这样，在遭到日益严重的误释之时，
你的厚礼就应回归娘家。

就这样，我拥有过你，美梦般
高高在上，醒来才知一场空。

（王勇　译文）（略有修改）

在莎士比亚的这首（第 87 首）十四行诗里，“回归”与“误释”均有赖于“误解”——应理解为一种反讽式的过度尊敬或过高估计。莎士比亚是否正以某种程度的文人式的克制在叹息失去南安普敦伯爵这样一位情人——抑或庇护人、友人？这个问题（幸亏）是无法给出确定答案的。这是一首情真意切、爱意跃然纸上的情诗，但是，从另一视角解读——并不一定是诗人的本来视角——我们也不妨将其视作一首关于作家（或普通人）与传统（特别是一位前驱身上所体现的传统）之间关系的讽喻诗。诗中的主人公知道自己面对的是一个无法拒绝的礼物——对真正的传统之本质的某种不甚明晰的灼见。对莎士比亚来说，“误释”作为“误解”的对立物，其所隐指者不仅是误会或误读；“误释”更意指某种含义双关的文字游戏，带有“不公正的限制”之意蕴，也许在莎士比亚笔下，“误释”也可解作“可鄙的低估”。但是，无论做何解读，总之莎士比亚使用了这一法律术语，而且赋予它深思熟虑的——或固执己见的——错误解读。在这首十四行诗里，“回归”的主要意义是“不愉快的自由”，而“回到原处”只是其从属意义。

在《影响的焦虑》及其姊妹篇里，我把莎士比亚排除在外，因为当时我尚未准备好对莎士比亚及其原创性做深入思考。然而，离开了四百年来最具影响力的莎士比亚，又如何能对“影响”这一课题展开深入研究！我有时候甚至会这样想：可能是因为莎士比亚的友人和情人们从来都缺少相互倾听，所以我们之间也很少相互沟通。这一点也从某个侧面佐证了一条不乏讽刺意味的真理：我们基本上是由莎士比亚创造的。众所周知，人性之形成来自影响——这种影响的覆盖范围远超过任何文学现象。在 1850 年版的《代表性人物》（*Representative Men*）一书的“莎士比亚，唯一的诗人”（Shakespeare；Or，the Poet）一文中，爱默生曾对这种影响模式做过精妙绝伦的论述：

莎士比亚超乎人群，亦超乎杰出作家之群。他的智慧无可比拟，而其他人都在可比拟之列。优秀的读者，在一定程度上能够进入柏拉图的大脑，进行设身处地的思考，但无法进入莎士比亚的大脑。我们还在门外徘徊。就表现之精湛，创作之天才，莎士比亚堪称空前绝后。就想象力之丰富，无人能出其右。其创作艺术已臻炉火纯青之境，感情细腻极致，登文心之巅而俯视文坛众生。与他的人生大智慧交相辉映的是同样高超的抒情才华和想象天赋。在他笔下的传奇故事中，精灵们被赋予人的衣着、人的感情，栩栩然似乎就是他的家人，且它们鲜明的性格即使在真正的人群中亦非常见。它们的语言悦耳，谈吐得体。莎士比亚天才之发挥总是恰到好处，既无炫耀学问之嫌，亦无旧调重弹之弊。他多才多艺，并以永恒的人性一以贯之。试让一名颇具才华者讲述一则故事，要不多久，就会流露出个人的倾向性。他也许能进行一定程度的观察，头头是道地展开各种话题，并偶然崭露一下头角，以达哗众取宠之效。他会把某个人物描写得过于丰满，让另一个角色显得干瘪。他不讲究情节之合宜，只考虑个人的片面爱好。莎士比亚则不然，他既无个人癖好，亦无特别热衷的主题；一切均以情节需要而展开。他不会心血来潮，奇思怪想。他没有画牛养鸟之类的特殊爱好，没有矫揉造作的毛病。他不拘泥于个人风格，脱离了明显的自我中心意识：大者着重墨，次者以细画。他以大智慧示人，却从不强调申明之。他是强者，只因其天禀造就而自成文坛巨擘。他举重若轻，随心所欲地将平地移至山坡。他击虚以实，使气泡浮于半空。无论轻重，均能得心应手。这就使得他在涉足轻喜剧、悲剧、叙事、情歌等领域时，总能心随意径，游刃有余，使读者非亲自欣赏则无法领略作品之妙谛。

"我们还在门外徘徊"是这一段评述的画龙点睛之笔。爱默生还提醒我们，"foreign"一词的词源本义是"自家的庭院之外"，而这正是莎士比亚笔下的含义。所以，"foreign"即"在门外"。面对爱默生的这段评述，我感到汗颜，我找不到一个更佳视角来评论莎士比亚。当今，我们的"憎恨派"意欲抹杀莎士比亚的独特地位。新马克思主义者、新女权主义者、新历史主义者以及深受法国影响的理论家们都摆出一副文化唯物主义者的架势，向读者兜售一个被缩削了的莎士比亚，将莎士比亚降格为英国文艺复兴“社会能量”的产品。对此，我最喜欢开的一个玩笑是：这种行径等于在“法国的弗洛伊德”——拉康和“法国的乔伊斯”——德里达之上再加上那个所谓“理论”的终极胜利者——福柯（“法国的莎士比亚”）。法国人向来不看重原创性。在姗姗来迟的浪漫主义之前，法国人对莎士比亚的剧本从来不屑一读。莎士比亚在法国受到的尊重还不如他在印度尼西亚、日本或美洲大陆所得到的多。真正的多元文化主义者在全球范围内都会视莎士比亚为唯一一位不可不读的作家。他的地位之高，超出其他任何作家，且超出程度之显著足以使两者之间的差别从量的层面转化为质的层面。我在其他场合曾长篇大论地阐述过这样的观点：一言以蔽之，莎士比亚不但是西方的经典，而且是世界的经典。莎士比亚的作品因其魅力在各大洲、各种族操不同语言（法语总是例外）的读者中引起了共鸣。我感到，这一点已足以彻底驳斥当今——特别是在英美——流行的种种论调，它们认为，莎士比亚也一样受到历史和社会文化的制约。爱默生说得好：没有任何语境——甚至剧场语境——能够对莎士比亚构成制约。他写道：

> 有些颇有能力的赏析性评论家认为，对莎士比亚的所有批评都是没有价值的。此类批评并非完全以戏剧成就为依据，它们往往把莎士比亚看作诗人和哲学家。我跟这些评论家一样，高度评价莎士比亚的戏剧成就，但仍然认为戏剧成就对于他是第二位的。他是一个充实完美的人，他擅长辞令，丰富的思想和奔放的形象在他脑海里孕育着，渴望着脱颖而出。而戏剧正好为他提供了一条现成的宣泄渠道。假如他天禀稍逊，那我们将不得不这样考虑：他在多大程度上完成了他的使命？他是第几流的优秀剧作家？——他是世界第一。然而，实际情况是，他的思想是如此博大精深，以致我们对其语言载体反倒有所忽视。而他却像一个圣徒，他的传记被译成各种语言，被演绎成诗歌和散文作品，被谱成歌曲，影成绘画，浓缩在各种谚语里。其结果是，圣徒的意旨已脍炙人口，编成祷词，甚至

> 上升为法典。人们把圣徒的意旨运用得如此普遍，相形之下，语言载体反而无关紧要了。莎士比亚就是这样一位圣徒。他的智慧，他写下的人生教科书就是圣徒的意旨；他为我们的现代音乐准备了歌词，他为现代人的生活写下了教科书——风俗礼教的教科书。他刻画了英国人和欧洲人——他们是美洲人的祖先。他刻画具有普遍性的人，描写那个时代以及那个时代人们的所作所为。他洞察芸芸众生的内心世界，他们的道德情操，他们的深思熟虑，他们的奸诈，他们的无心之失。有时因为情势变易，美德变成恶行，恶行变成美德。他能够当着孩子的面分析父母双方的责任，也能把自由和命运之类的概念做一番条分缕析。他懂得精神压抑的法则使得大千世界井然有序。人世间的种种甜蜜和恐怖在他笔下就像展现在眼前的一幅山水画，既真实又隐约缥缈。而正是他的这种对人生真谛的大思考、大智慧，才使作品的形式——例如“戏剧”或“史诗”——被衬托得无足轻重；关心作品的形式就好比对传达圣旨的纸张的质地优劣提出疑问。

这段论述的中心思想是“他为现代人的生活写下了教科书”。莎士比亚创造了我们，接着就不断地对我们进行遏制。我们正处于所谓的“文化批评”时代。在这个时代，各种富有想象力的文学都遭到贬值，而莎士比亚的地位和重要意义也首当其冲，遭到打击。政治化的文学研究已经把文学研究糟蹋殆尽，甚至学术研究本身都被破坏。莎士比亚对世界的影响远远超过世界对他的初始影响。当代所有“憎恨派”人士的假设性共识是：国家权力重于一切，个人情感微不足道——哪怕是莎士比亚的个人情感。按照这种理论敷衍下去：英国文艺复兴时期的剧作家们已经被当时的非理性社会秩序吓坏了，他们有的随波逐流，有的图谋颠覆，有的则两者兼而有之。但是，具有讽刺意味的是，他们文本上的颠覆性反而起到了巩固国家政权的作用——而令人叹为观止的是，他们认为这种国家权力依赖于戏剧性。我还得回过头来向爱默生讨教一个矫正这种权力至上理论的良方。是谁写下了现代人生活的教科书——是莎士比亚，还是伊丽莎白—詹姆斯时代的政治体制？是谁创造了我们现在所认识到的人性——是莎士比亚，还是朝廷大臣们？是谁对莎士比亚的作品产生了最主要的影响——是人称伯利勋爵的威廉·塞西尔，还是克里斯托弗·马洛？我们以前常说的“想象文学”是与文学的影响密不可分的，而与国家权力并不具有实质性的联系。虽然文学可以被用来（以前已经被用来，将来也必然还会被用来）为某一国家利益服务，为某一社会阶级服务，为某一宗教服务，为男性反对女性服务，为白人反对黑人服务，为西方人反对东方人服务。但是，如果真有某种评判标准，而且在经过了目前的文学简约时期后还能继续存在，那么，我们仍然有必要申明：高雅文学乃是不折不扣的美学成就，而不是什么国家宣传品。就我所知，在当今的英美，我们的学者们拉大旗作虎皮，打着革命的旗帜，正在上演一幕凄凉无比的当代闹剧。他们自称在为全世界受侮辱受迫害者立言，而他们的立言之道就是否定莎士比亚的美学鼻祖地位，就是坚称任何形式的美学权威都不过是一种资本主义的神秘化把戏。他们宣称：我们的特林鸠罗们和斯丹法诺们已经来到，将把凯列班从普洛斯彼罗的奴役下解放出来。其实，莎士比亚已经预见到了这一点，所以他谆谆教导我们：“憎恨派”们真正憎恨的不是国家权力，而是莎士比亚的权力，是创造性的权力。我们的“憎恨派”们当不了尼采——因为尼采使他们成为迟来者。他们并不仅仅希望再一次宣布**上帝已经死亡**，换言之，他们起劲地想发布的是一则只能被理解为**莎士比亚已经死亡**的宣言。

柯勒律治谈论过永垂不朽的男士、女士们，即经典作家们。放到当今，这种说法已经有点古色古香了；现在的学生所受到的教育是要他们对“**已故的白种欧洲男性**”不屑一顾，或更简单一点，对威廉·莎士比亚不屑一顾。但是，文学影响理论的真谛恰恰是其无可抗拒的焦虑：莎士比亚不会允许你们去埋葬他，去回避他，去取代他。我们几乎毫无例外地——而且往往在并未欣赏过莎士比亚戏剧的舞台演出或阅读过剧本的情况下——已经内化了、吸收了莎士比亚戏剧的力量。当德国诗人斯特凡·格奥尔格将《神曲》誉为“**所有时代最伟大的教科书、最伟大的学校**”时，他谈论的仅仅是大诗人的教化功能。而我们所有人都一定能体会到：莎士比亚的戏剧是“所有时代的唯一的教科书、唯一的学校”。我这样说，并非想假扮持基本教育论观点的人文主义者，也无意摆出一副批评理论家的姿态——那并非我的本职。作为诗的影响的研究者，我迫切地想分享一点我们都心向往之的莎士比亚所担当的角色。莎士比亚为我们创造了心智和精神，我们只是姗姗来迟的追随者。我们不能仅仅从知识层面上来认识文学——文学即莎士比亚，也不能仅仅从知识层面来把握莎士比亚使用的一切隐喻。莎士比亚作品中俯拾皆是的隐喻都是有关人的愿望的，因此均可归入“谎言”的范畴。大多数情况下，我们对愿望的理解也是所谓的“愿望式”解读，因为莎士比亚创造出的这些“愿望”隐喻在弗洛伊德笔下本来就是“爱情与死亡”的冲动。

我们与莎士比亚的真实关系是：把莎士比亚历史化或政治化是徒劳的。因为我们受他的影响实在是太大了，简直是压倒性的影响。莎士比亚之后，还没有任何一位作家能够避免他的影响。当然，顽固不化的法国人依然例外，他们可能连被我称为“法国的莎士比亚”的那位缩了水的微型戏剧家都接受不了。弗兰克·克莫德认为，莎士比亚悲剧所探索的是一个“可能性之极大域”。此论可谓入木三分。如果某个人的确有那么点文学潜力，那么他本人或她本人又怎能抵御一个真正的可能性之极大域——超越任何个人领会能力的极大域！“憎恨派”是不折不扣的莎士比亚否定派。他们并非社会革命派，就连文化叛逆者都算不上。他们是对莎士比亚影响力的焦虑症患者。

二

奥斯卡·王尔德说得好：“所有蹩脚的诗都是真诚的。”当然，这不等于说：所有伟大的诗都是不真诚的。然而，也不可否认，伟大的诗作几乎都包含假话——虚构是文学艺术的真谛。正宗的高雅文学依靠比喻——不但是对词语本义的转换，还有对先有喻义做的再转换。文学批评可以归属于文学范畴，也可能归属不到任何门类；而伟大的作品就像文学批评一样，它总是在强烈地（或虚弱地）误读着前人的作品。每个人对待一件隐喻性作品的态度本身就是隐喻性的。我跟聪敏绝顶的保罗·德·曼之间进行的长达几十年的争论，对我是颇有裨益的。而这一争论归根结底就是围绕上面那句话里的争论而展开的。他坚持认为，对一件文学作品的认识论姿态是逃离转义迷宫的唯一出路。而我的回答是：这种认识论姿态本身就是一种不折不扣的转义。反讽一词的本初意义就是比喻——借一物喻另一物。从认识论角度理解，就是转义的转义。对于保罗·德·曼而言，反讽构成了文学语言本身的基本条件，产生了解构主义者们的研究客体——“意义的永恒主唱段”。

莎士比亚何时是真诚的？这一荒谬的问题又一次把我们带回到一个古怪的虚拟理论——莎士比亚和世界达到了天人合一的完美境界。我本人就是这一虚拟理论的受害者，因为我在本书中曾经提出：莎士比亚从来没有经受过来自他的主要前驱和奥维德式竞争者克里斯托弗·马洛的影响的焦虑。马洛比莎士比亚大概才年长两个月，但是从 1587 年开始直到 1593 年（29 岁时）夭亡，马洛一直是伦敦戏剧创作界的泰斗。1587 年，莎士比亚从斯特拉福德来到伦敦，一开始可能在一家印刷厂当学徒。莎士比亚后来特别讨厌做校对工作，也许就是因为有这一段经历（我本人在少年时期也干过这一行当，所以后来也特别害怕审读我自己作品的校样）。可以肯定地说，莎士比亚从不校对他自己的作品，即使是所谓的“四开本审定版”也不例外。经他校读过样稿的只有《维纳斯和阿多尼斯》和《鲁克丽丝受辱记》。那是因为他要把这两本书题献给他的庇护人（一说是情人）南安普敦伯爵。当了一阵印刷厂学徒后，莎士比亚可能改行进了戏院。刚开始时他给提词员打下手，后来才成为演员，并进而当上了编剧。马洛虽然和莎士比亚一样是工匠的儿子，但他上过大学，自然瞧不起“梨园”生涯——当时社会里一个很暧昧的行业。

与马洛和莎士比亚同时代的另一位剧作名家本·琼生，成名之后放弃了演艺生涯。但是，莎士比亚并没有仿效这种做法，尽管我们对他的演艺生涯知之甚少。莎士比亚扮演过的角色既非丑角、恶棍，亦非英雄人物。莎士比亚很受时人尊重，套用现代用语，莎士比亚是一位“性格演员”——听起来有点匪夷所思。就我们所知，他曾经在《哈姆雷特》

里饰演鬼魂，在《皆大欢喜》里饰演老亚当，还在其他剧目中扮演过几个国王角色。我们也有理由猜测莎士比亚还在《哈姆雷特》中饰演在剧中扮演国王的那个优伶角色——一个很自然的双重演员角色。莎士比亚大概在 40 岁左右不再登台演出了，此时他正在创作《一报还一报》和《奥赛罗》。梅瑞狄斯·安·斯库勒的名作《作为演员的莎士比亚及其表演目的》集中论述了戏剧作品中体现出的作为演员的自豪感和屈辱感。这是一种明显的自恋式的矛盾心理。这种矛盾心理未必完全是莎士比亚本人的感受，但可以肯定，它是当时演艺圈里占支配地位的一种感受。从莎士比亚早期的四部曲（《亨利六世》上、中、下三部和《理查三世》）（1589—1593 年），经过《泰特斯·安德洛尼克斯》（1594 年），直到他以《理查二世》（1595 年）超越了马洛的《爱德华二世》，在这一时期，马洛一直是伦敦戏剧界的关键人物。而当莎士比亚的《理查二世》上演时，离马洛在一场酒店斗殴中被害（1593 年）已有两年。马洛之死也许出于官府授意——他曾经为官府服务，其角色类似于我们现在所说的情报人员。

鉴于莎士比亚和马洛两人有长达四年的时间都在伦敦从事戏剧创作，相互间又是竞争对手的关系，所以，我们几乎可以肯定他们是相识的。莎士比亚的早期传奇剧远胜于以前写出的第一部历史剧三部曲和第一部悲剧。当他崭露头角时，他所进入的美学领域的档次已经高出马洛很多了。他塑造的光辉灿烂的戏剧人物形象已经完全超越了马洛笔下最精彩的讽刺性形象——例如帖木儿，以及《马耳他岛的犹太人》中的英雄——恶棍巴拉巴斯。而理查三世和《泰特斯·安德洛尼克斯》中的摩尔人艾伦则完全属于马洛风格。理查二世可以被视为马洛笔下的爱德华二世和莎士比亚笔下的哈姆雷特之间的一个过渡人物，而朱丽叶和茂丘西奥、波顿、迫克、夏洛克和福斯塔夫这一批人物就开始让马洛相形见绌了。与成熟的莎士比亚相比，马洛仍不失为一名杰出的诗人，但已经无法再被称为戏剧家了。但是，如果像我在本书中那样断言——莎士比亚已经像鲸鱼一样把马洛一口吞掉了，那就是没有注意到马洛引发的特殊个案：他使得吞食了全部剧作家的莫比·迪克患上了消化不良症。马洛没有进一步成熟起来，即使他活到 30 岁也无法变得更成熟。而莎士比亚却日益成熟，突飞猛进，一辈子都在进行新的艺术尝试。《圣经》和乔叟的作品教会莎士比亚怎样对人物进行形象化刻画，而马洛却对约翰逊所说的“普遍人性之精确表述”不感兴趣。但是，即使如此，马洛仍然是莎士比亚心头的一个死结：莎士比亚自卫式地戏拟他的前驱，心中却暗暗打定主意——对付《马耳他岛的犹太人》的作者的最妥当的办法是不走他的老路，无论是艺术之路还是人生之路。毫无疑问，他也明白，马洛已经把戏剧从单纯的道德说教中解放出来，从而为取悦广大观众开创了新的路子——观众并不指望到剧院来提高自己的道德，增益自己的智慧。拉塞尔·弗雷泽在《青年莎士比亚》（1988 年）一书中曾明确指出：“莎士比亚故事之开端”在马洛。他认为，莎士比亚的《约翰王》算不上成功，因为这部戏剧受到马洛的伤害太大了。他的这种观点也许是对的。我在读《泰特斯·安德洛尼克斯》时，也只能将其看作对马洛的友人托马斯·基德以及马洛本人的有意戏仿。但是，多数“莎学家”对此不以为然。然而，摩尔人艾伦难道不是马洛笔下的人物巴拉巴斯之丑陋的扭曲吗？甚至夏洛克——且不论莎士比亚是否有“反犹”嫌疑——与马洛笔下的漫画式人物“马耳他岛的犹太人”之间也存在逆向心灵感应。马耳他岛的犹太人不大可能说：“那么要是用刀剑刺我们，我们不是也会出血的吗？”而夏洛克也很难说出这样的话：“有时候，我到处乱逛，在井水里下点毒。”

我提出“影响的焦虑”一说，并非想进行一场弗洛伊德式的父子相争，尽管本书中有一两处下笔酣畅了一些。我主张对弗洛伊德做莎士比亚式解读，而不是对莎士比亚或其他人做弗洛伊德式解读。对弗洛伊德的莎士比亚式解读给人以这样的启示：弗洛伊德身上具有一种“哈姆雷特情结”（把“俄狄浦斯情结”改为“哈姆雷特情结”更为确切），就是对莎士比亚的影响的焦虑感。我在最近写的一本书（《西方正典》，1994 年）里已经用较大篇幅对这一点做了解释，此处不再赘述。不过，我还是要唠叨一句：对《影响的焦虑》的误读实在是太不够了——看来以后也难改变。胜任阅读本书者，换句话说，任何一位既非意识形态官员又非党派理论家的读者——无论左派右派，只要稍微有点文学细胞，就不难看出，“影响—焦虑感”是通过对短篇小说、长篇小说、戏剧、诗歌和散文的阅读而获得或被强加的，与前驱者的关系并不大。根据迟来者的气质和所处环境的差异，这种“影响—焦虑感”可能被内化，也可能不被内化。不过，这一点其实无关紧要：强者诗篇意味着焦虑之获得。“影响”乃是一个隐喻，暗示着一个关系矩阵——意象关系、时间关系、精神关系、心理关系，它们在本质上归根结底是自卫性的。意义最为重大的一点（也是本书的中心点）是：影响的焦虑来自一种复杂的强烈误读行为，一种我名之为“诗的误释”的创造性解读。作者可能经历过并认为是焦虑者——因而在他们的作品中不得不表露者——乃是诗的误释之后果，而不是原因。强烈误读是第一位的：必须有一种深刻的误读行为，一种与文学作品共陷爱河的误读行为。每个人的误读方法都跟别人不一样，但几乎可以肯定是一种模糊的读法——虽然其模糊性也许被遮蔽了。如果济慈对莎士比亚、弥尔顿和华兹华斯没有采用这种误读方法，我们今天就不可能读到济慈创作的那些颂诗、十四行诗和两部《赫披里昂》。如果没有丁尼生对济慈的误读，我们现在很可能根本不知道丁尼生为何许人。华莱士·史蒂文斯最讨厌别人提及他因阅读前驱诗人的作品而获益；但是，如果史蒂文斯没有读过沃尔特·惠特曼，他根本就不可能写出什么有价值的东西。史蒂文斯有时对惠特曼摆出一副不屑一顾的架势，在作品中也没有公开模仿过惠特曼；然而，惠特曼还是很神秘地在史蒂文斯的作品里复活了：

为我叹息吧，夜风，在橡树喧闹的叶丛里。
我疲乏了。山上的夜色，为我安睡吧。
快乐的太阳，在升起的时候，为我呐喊吧！大声，更大点声！

三

不一定要上升到理论高度来分析其所采取的方式，但是强者诗篇总是预示着复活。死者可能回归，也可能不回归，但是他们的声音会活生生地再现。而不可思议的是，这种再现永远不会是简单的模仿，而是继承者中才赋最佳者对前驱巨擘实施的竞争性的误释。莎士比亚是易卜生真正的前驱，莎士比亚对易卜生的影响远远超过歌德。这一点使得易卜生比其他人对“影响”持更强烈的反对态度。幸运的是，这种对“莎士比亚污染”的恐惧在易卜生身上的表现是：挪威剧作家找到了多种回避莎士比亚的方法。《群鬼》中的阿尔文夫人刚开始时似乎没有什么莎士比亚的痕迹，然而，她那主动求变的超常能量却完全是莎士比亚的风格——依靠的是某种非常微妙的莎士比亚式的前景突显模式。易卜生笔下的海达·加布勒和陀思妥耶夫斯基笔下的斯维德里盖洛夫和斯塔夫里金一样，在虚无主义先锋伊阿古和《李尔王》里的埃德蒙身上找到了自己的前驱。当年我写《影响的焦虑》的时候还是被浪漫主义高峰时期的诗人们迷惑住了，因此我努力想把创造性误释局限于启蒙运动之后的作家。这种侧重显然是错误的，我在《误读之图》及随后几本书里对此做了纠正。一个时代的反讽不能成为另一个时代的反讽。但是，影响的焦虑却牢牢地扎根于一切文学想象的基础。竞争——争夺审美制高点的比赛——在古希腊文学里是非常明显的。在不同的文化中，竞争的形式有所差异，但那似乎只是程度的不同，并没有本质性变化。柏拉图与荷马之间的竞争是西方文学的核心竞争。此后还有不少对手间的争斗，直到海明威与他的前驱们之间的——以及他的追随者们与已经成为大师的海明威之间的——戏仿式对抗。

对于一名重要作家，文化上的迟来者地位从来都是无法接受的——虽然博尔赫斯能够利用他的“次等性”开发出自己的文学人生。我感到，迟来者地位根本不是什么历史身份，而是属于文学坐标上的这么一个位置。有几派历史决定论者感到愤愤不平，他们中有的信仰马克思，有的信仰福柯，有的是政治女权主义者。他们基本上把文学作为某种边缘性的社会历史来研究。他们放弃了读者的独立存在性——这种主体性被认为“不具有社会存在性”而遭到排斥。《美国天使》的作者托尼·库什纳很慷慨地把自己的剧作归功于别人——这可以算成他自己对布莱希特剽窃论立场的很有趣的直白的字面意义注释。听上去似乎很奇怪，但是，与目前控制着英美学术界狗屎堆的“法国莎士比亚”相比，库什纳的姿态显得何等清晰明了。莎士比亚的独立存在性已经消失，已经被一位剧作家取代，而这位剧作家的作品——不论其以阶级还是以性别为基础——的目的据说是推翻文艺复兴时代的权力系统。在莎士比亚研究方面的这种气急败坏的古怪见解往往以革命自诩，但是，从实用角度来分析，不过是拿高度选择性的背景资料去取代莎士比亚的真实文本而已。我们从可靠的第一手资料里找不到莎士比亚在政治、宗教和社会问题方面所持的观点，而搞一大堆不相干的背景资料基本上只能在“憎恨派”的情绪上火上浇油。背负着四个世纪的历史包袱，我们的迟来性显然超过了莎士比亚当年的迟来性。

意识到影响的焦虑——我们自己对影响的焦虑、对莎士比亚的影响的焦虑——也许能够部分地涤净我们作为学者对迟来性的愤恨情绪。把莎士比亚加以历史化、政治化，甚至女权化，那完全是多此一举。莎士比亚从来就站在我们面前。我们没有听说过莎士比亚曾经把什么人从当年的权力架构中解脱出来，他也不可能把我们从当今感受到的社会禁锢中解放出来。如果你想从莎士比亚身上发掘出什么终极性意义，你将会一无所得，你将会掉进实用主义的陷阱——把莎士比亚等同于他自己笔下的超级虚无主义者。莎士比亚的能量来自何处？他和马洛之间的关系——除了美学层面上的竞争关系——是否也是他们俩共同生活的那个时代的社会能量的构成部分？我不揣冒昧地说一句：莎士比亚的能量远远超过自前苏格拉底时代圣贤们以来的任何一位作家。他将修辞学、心理学和宇宙哲学融会贯通，达到了炉火纯青的境界；在他最伟大的戏剧作品里，根本无法将这三者区分开来。莎士比亚和恩培多克勒及其诡辩派追随者一样，在他们身上，这三门学问是三位一体的。无论是修辞学批评、心理学简约派批评还是宇宙哲学批评，均无法单独完成对莎士比亚的理解，也无法单独完成对任何一位艺术造诣接近莎士比亚的作家的理解。莎士比亚超越任何一名纯世俗作家：他对历史的贡献远超过历史对他的造就。让莎士比亚回归历史是一种令人沮丧的做法，在相当程度上也是一种漠视历史的冒险举动。文学史是什么？换言之，什么是社会史？就像尼采在其论述生活对历史的应用和滥用的文章里曾经雄辩地指出的那样，透视法学说尽管存在不少陷阱，却仍然统治着历史。它也成为我撰写《影响的焦虑》的理论发轫点之一。

爱默生选择《历史》一文作为其《散文：第一集》的开卷篇，让我们牢记人物传记是文学的最重要门类：

> 我们总是把对我们个人比较重要的事件摆出来，并证明这就是历史。于是，历史就成了主观历史。换言之，严格意义上的历史已经基本不存在，剩下的唯有传记。每个人都必须从头做起——必须从自己的直接经历中吸取所需要的经验教训。要取得任何一点知识，都必须亲眼看见，亲力亲为。前人为我们归纳出来的规则定律，本来是为我们提供便利的。但是，我们却囿于这条规定，必须亲自逐一验证。总会有一天，总会有某种场合，“一切必须亲力亲为”所造成的损失将由我们自己来赔偿。

人物传记批评早已过时，对我们研究莎士比亚亦基本无用。除了《十四行诗》之外，我们只知道一些有关莎士比亚的外围资料。即使是《十四行诗》，我们也难以分清哪几首是严肃作品，哪几首是应景之作。然而，一部优秀的莎士比亚传记——如拉塞尔·弗雷泽写的那本——却比任何历史批评都要理想。因为在读传记时，我们至少能够和莎士比亚、弗雷泽单独相处，而不必面对某一个学术派别或学术小集团的宣传说教。而更理想的方法是阅读安东尼·伯吉斯所写的乔伊斯风格的长篇小说《都不像太阳》（*Nothing Like the Sun*）。在这部小说里，我们又回到《尤利西斯》中的图书馆场景里，人们对莎士比亚与哈姆雷特之间的关系做出种种猜测。乔伊斯、伯吉斯和弗雷泽以不同方式承认了莎士比亚强加于我们的亟待解决的问题：他对我们的影响太大了，我们已经走不出他的阴影了。如果某种文学批评自欺欺人又自鸣得意地说我们并没有受到莎士比亚的包围，这样的文学批评就必然很难混下去了。看看以下那些能够用来审视莎士比亚的工具吧，它们不是莎士比亚亲自创造的，就是经过莎士比亚本人改良的。维特根斯坦并不喜欢莎士比亚，他坚持认为：莎士比亚首先是“语言创造者”，其次才是作家。他这样说的目的是保卫哲学，使之免受有史以来最伟大的智者的侵犯。其实，把福斯塔夫、哈姆雷特以及伊阿古看作语言的创造者，也许更接近实际情况。莎士比亚则通过创造上述几个人物创造了**我们**。无论海德格尔与他的法国帮如何辩解，语言都不可能代替莎士比亚的思考；莎士比亚比任何作家，比我们所知道的任何人都更加彻底地对一切事物进行独立的再思考。他的思考不是单一的，也不是单向的；他为我们所有人思考了所有的问题——听起来怪让人不好意思的。如果我们想评估一下莎士比亚在其逝世后的四个世纪内所产生的影响，我们不必担心出现新的莎士比亚崇拜——无论多高的评价都不会言过其实。毫无疑问，莎士比亚在本质上永远是一位演员，且在剧本里为特定的演员塑造了特定的角色。但是，如果我们现在仍然把这些剧中的角色仅仅看作戏剧人物，我们就是在避重就轻。因为，他们正是我们**每个人**都在扮演的角色——无论我们本身是不是演员。当我们降生到这个世界时，我们哭叫着：我们来到了这个伟大的傻瓜舞台。李尔是所罗门的智慧的回声，但是，奏响这一回声的权威文本是莎士比亚的文本，而不是《圣经》文本。我们是上帝的孩子，正在回归天国；我们更像是朝着尚未被发现的原野迈进的时代愚人。信仰不是问题，问题在于我们的人性：经过莎士比亚强化的人性简直变成了莎士比亚的再创造。既然我们是莎士比亚的孩子，既然我们使用他的语言——使用他那多得惊人的 22 000 个词来描绘我们的本源和前景，我们又怎么能把莎士比亚历史化呢？

四

“莎士比亚就是诗的影响”和“莎士比亚是唯一的西方文学经典”这两个命题之间并没有多少差别。有人会提出异议：“美学价值”这个概念是康德首创的。但是，在实用层面上，彻底确定我们对文学价值的评价标准的乃是莎士比亚的空前绝后的美学造诣。赫兹利特在其名篇《谈诗》中曾经 20 次引用莎士比亚（的作品），可是他也许仍然意识不到他对世界的认知受到了莎士比亚极其深刻的影响：

> 我们亲历了一件事，由于我们感知到了这件事的存在，而且不由自主地去思考这件事，于是，我们就会把这件事展示给别人。想

> 象就是实体化，就是具象化，从而使意志的模糊与渴望的迫切得到明显缓解。我们并不希望让该事物处于这种状态，我们但愿它能以自己的本来面目示人。因为，知识是自觉的力量，所以思想就不再容易受愚弄——虽然它可能遭遇恶行和愚蠢。

《谈诗》两次引用《麦克白》，而《麦克白》很明显并非这篇文章的主题。而且，上述引文中所论述的不是一般的想象，而是麦克白的危险的预期叙述性想象，是一种呈现在幻觉中但掌控着麦克白的意识的想象。赫兹利特是在利用莎士比亚的艺术来清除自身的麦克白意志。这种做法会使赫兹利特受到玷污，同时却也能治愈赫兹利特身上的毛病。自约翰逊博士以降，就语言之精彩而言，还没有哪一位批评家能超过赫兹利特。然而，赫兹利特还是不知不觉地向莎士比亚的影响屈服了。

莎士比亚时代的观众跟我们当代的观众在作品评介和审美鉴赏方面的差异很小。哈姆雷特和福斯塔夫在当年象征着莎士比亚艺术的最高峰，他们现在仍然高居其艺术最高峰。在1590年至1630年间，包括本·琼生在内的几乎所有剧作家都对当时的观众表示极度不满，但是我们从来没有发现莎士比亚对他的作品的公众反应有什么怨言——相反，对于上演他的戏剧的演员们，莎士比亚倒颇有微词。从我们掌握的资料可以看出，莎士比亚逝世后他的影响立即凸现，且在随后的400年间一直占有压倒性地位。如果说世界上存在某种普遍性艺术，那就是莎士比亚艺术。对于莎士比亚时代的人，这一点是天经地义的；对于我们，这一点同样天经地义。如果说莎士比亚身上有什么神秘性，那就是：我们的世界以及在他眼里具有利用价值的一切文学艺术，到了莎士比亚手里都能“为我所用”，且应用自如。奥维德、乔叟和马洛已经融为一体，成为莎士比亚的综合性前驱——这一点连他的同时代人都明确无疑。而且他们也认为莎士比亚已经确立了一种新的表现规范。英语里“Distinct”（意为“鲜明”“清楚”）这个单词是个形容词，用作名词（意为“个别的人”或“个别事物”）是极罕见的，很可能这是莎士比亚为了创作挽歌体诗《凤凰与斑鸠》而别出心裁杜撰出来的：

他们爱得深，如两份柔情
只共同具有一份精髓。
分明是二，却融为一[1]：
连数也斩杀于一往情深。

德莱顿在为其《特洛伊罗斯和克瑞西达》“校订”版（1679年）所撰前言中曾说：必须应许莎士比亚“把人物刻画得如此鲜明”。这一点在约翰逊所编的1765年版的《莎士比亚作品集》的前言中得到了充分确认。约翰逊将德莱顿的论点发扬光大：“人物如此众多，且来自三教九流，使人难以辨认，难以熟记。（除莎士比亚以外）恐怕没有其他诗人能将这些人物刻画得如此鲜明。”这两则对莎士比亚的溢美之词，中心思想在“鲜明”二字上，而“鲜明”正是莎士比亚对后世文学表现艺术的永恒的巨大影响力之所在。莎士比亚具有既能洞察外部世界又能聆听人物内心的极其敏锐的听觉鉴赏力，可谓空前绝后。他笔下的人物被赋予极其丰富的语音语调，总是那么个性鲜明。我们从中再一次领略到莎士比亚对自然世界和艺术之运用是何等得心应手，游刃有余。作为一个文艺批评的概念，“影响的焦虑”在莎士比亚身上遇到了最为严峻的考验。因为，经莎士比亚的点化，马洛笔下的英雄—恶棍之混合体得到升华，达到出神入化的境界，其旨趣神韵超越马洛的距离当以光年计。运笔至此，我又回到了“莎士比亚与马洛之争”（简称“莎马之争”）：看看莎士比亚的胜利能够在多大程度上加深我们对其作品中“鲜明”人物描写的理解，从而加深我们对诗的影响本身运作机制的把握。

马洛阅读成熟时期的莎士比亚作品，深感自己在人性表现及个性刻画方面难以望莎士比亚之项背，不由得恼羞成怒。我将《李尔王》中的埃德蒙看作莎士比亚对马洛的末日审判。马洛和他笔下的主要人物都没有展现出我们所谓的人性情感。作为诗人，马洛堪与兰波和哈特·克莱恩并驾齐驱，与莎士比亚相较则差之远矣。修辞功夫和词汇意识取代了自我意识，正常的规范变成了祷文和咒语。谈到马洛对莎士比亚的影

① 原文为“Two distincts，division none”。——译注

响，其真正的惊人之处在于：这种影响居然能持续这么长时间，居然在《约翰王》（问世时间不晚于1594年）里仍然存在。但是，到了私生子福康勃立琪结束对约翰的哀叹时，我们进入了《理查二世》（1595年）的时代，这种影响也就消退了。在莎士比亚完成《亨利六世》第一部之后的大约六年里，他的创作活动一直受到马洛的创造性干扰。在我看来，这似乎是我们在莎士比亚身上可以发现的最不可能发生而实际上却又发生了的现象。在他与他那位最出乎人们意料的前驱之间的关系方面，什么东西使他如此着迷？对马洛的什么样的误释，居然使马洛在如此长的时间里一直活在莎士比亚的作品里？在伊丽莎白时代的戏剧舞台上，马洛是伟大的戏剧形式创新者，其泰斗地位不可置疑。他那“雄浑的诗行”，他以高雅文笔呈现的“世俗英雄事迹”，把戏剧从神学说教传统中解放出来。这一切必然会影响莎士比亚，甚至也必然会影响本·琼生。但是，琼生并没有受到马洛的困扰，而莎士比亚竟然被马洛困扰了至少六年之久，且直到最后还以《皆大欢喜》向马洛最后一次致敬——而《皆大欢喜》是在马洛被害六年后所能看到的莎士比亚戏剧作品里带有马洛痕迹最少的一部。我在上文里已经提及，在《李尔王》（1605年）里，莎士比亚通过埃德蒙这个其戏剧中最为世故、最为冷酷的恶棍角色，回首对马洛悄悄地做了最后一瞥。莎士比亚扫清了自身所受的马洛影响，但在多年之后依然未能忘情于这个集英雄、恶棍于一身的主要角色。《理查三世》里的英雄—恶棍尚带有明显的马洛风格，但到了《麦克白》就完全看不到马洛的痕迹了。莎士比亚作为人物描写大师，《圣经》、奥维德和乔叟对他的影响更为深刻浓重，但是，只有马洛在莎士比亚心中能激起爱恨交加的焦虑情绪。莎士比亚与马洛二人不可能不相识。特别是1590年到1593年5月（马洛被害）这段时间，正是马洛的《帖木儿》、《马耳他岛的犹太人》和《爱德华二世》与莎士比亚的《亨利六世》、《泰特斯·安德洛尼克斯》和《理查三世》在伦敦剧坛同时登台、分庭抗礼的时期。而这几部莎剧又都是受到马洛影响的作品。关于莎士比亚与马洛的关系，并无逸事流传；估计莎士比亚与马洛的私交比不上他与琼生的交情，甚至还比不上他与乔治·查普曼的关系。不过，马洛的文学圈中人，如查普曼、基德、纳什之辈，均与莎士比亚相识。16 世纪 90 年代初期，为伦敦各家剧院编写剧本者不超过 24 人。伯吉斯生前曾为莎士比亚写过一本传记小说，即《都不像太阳》，而他的遗作《特普福特的一名死者》则是为马洛写的传记小说。遗憾的是，他为马洛与莎士比亚只设计了一次谈话，内容有关两人合作创作《亨利六世》的第一部——几乎可以肯定是虚构的。要在伯吉斯的虚构谈话的基础上再补充一些莎士比亚与马洛交谈之类的情节，确实非我所能。不过，我想从我们可以找到的互文性资料里，尽我所能编写一段尽可能真实的诗歌版的莎士比亚与马洛的对话。马洛是一位进取性很强的剧作家，但不够细腻。他被同时代人定性为"无神论者"和"享乐主义者"，这在帖木儿和巴拉巴斯身上均有体现。当然，用我们今日的眼光看，这种体现方式——"信仰"抑或"信仰缺失"——显得模棱两可。但是，马洛的强烈进取性是无可置疑的。《帖木儿》的第一部和《马耳他岛的犹太人》气势磅礴地展开情节，使观众（或雄心勃勃的剧作家）感到难以抗拒。莎士比亚后来学会了以比马洛更强烈的进取性去构思剧情。《麦克白》就超过了《浮士德博士》，文风简练，给观众带来巨大震撼。我们并不会把莎士比亚和某种特定的修辞手段相联系。而马洛则不同，人们很自然地联想到他惯用的"夸张"手法。莎士比亚对那些不自量力地与他竞争而弄巧成拙者极尽嘲讽与限制。而他自己运用语言的功力已臻炉火纯青之地步，达到了莫扎特谱曲时的那种行云流水的境界。他已经不可能为马洛一家之文风而倾倒。即使在莎士比亚初期带有较强马洛风格的作品里，也能看到激烈抗争的迹象。但是，马洛身上的某些东西至少在 1593 年之前还是把莎士比亚拖住了。

马洛笔下的主要人物一开口，语速之快便使我们感到他们（和马洛一样）总是行色匆匆，却不一定有明确的目标——只是想用华丽的辞藻来抓住我们。澳大利亚诗人 A. D. 霍普按照帖木儿的逻辑将这种做法称为"强力批判论"——认为对最高权力之争是诗歌和战争的核心。马洛的夸张将笔与剑融为一体，但其融合的方式比当代人的设想要少一点阳刚之气。权力的变化无常构成马洛作品不可或缺的主题。这与性的占有似乎并无多大关系，但记载了无限的权力意志、无边的欲望。那是一种超越帝国的权力意志。无穷的权力欲望意味着各种人间欲望的堆积。这种刺激人们欲望的方式曾被琼生笔下的伏尔珀尼和伊毕鸠·玛门爵士仿效。但是，以这种方式累积起来的包括女人在内的一切都成了霸权的战利品。马洛调动华丽辞藻的冲动等同于打仗时的冲锋陷阵——而对于马洛这位在诗人剧作家中最擅夸张修辞者，这个比喻似乎还嫌不够酣畅淋漓。这一点又使得马洛进入了一个对手兼兄弟的角色：如果马洛是埃德蒙，莎士比亚就是埃德加。马洛为什么能够在莎士比亚作品里待这么长时间呢？这个问题的答案只能到“逆反理论”的范畴里去寻找。

在当年的“大学才子”里，马洛是一颗耀眼的明星，其社会地位要高于既当演员又写剧本的莎士比亚和琼生。再加上马洛在喜剧之外的其他剧种方面也较莎士比亚占优势，所以超越马洛很可能成了莎士比亚初出茅庐时期的一个沉重的思想负担——同时也是激励他奋起直追的一个动力。虽然现代学者中有一种将马洛戏剧基督教化的怪癖，但莎士比亚当年肯定从马洛作品里得到了一种奇怪的“自然宗教”（姑且这样称呼它）的信息，一种跟新教教义难以调和的信息。帖木儿为上帝执鞭，扮演了一个半摩洛神的角色，似乎在津津有味地享用着供品——一座座被毁灭的城市以及居住在里面的人民。假如根据38部剧作来判断莎士比亚的宗教立场，从而确定他是虔诚的、持怀疑论的抑或虚无主义的，那么这种判断方法显然是荒谬的。但是，莎士比亚以《李尔王》中的埃德蒙为马洛画像，让埃德蒙将“自然”作为他的女神，他向自然女神祈祷，并吁请众神站到私生子一边来。此时，莎士比亚对马洛的宗教立场是很清楚的。埃德蒙以一种方法控制着埃德加和格洛斯特，又用另一种方法将里根和高纳里尔玩弄于股掌之上。其实，他使用的就是帖木儿使用过的法力无边的所谓“恻隐驱迫法”（pathetic persuasion）。他使用“恻隐驱迫法”的对象不仅包括他的支持者和敌人，以及可爱的芝诺克里特，甚至也包括如痴如醉地观赏马洛戏剧的观众们。莎士比亚当然看过马洛戏剧的上演，也必然会对全新的戏剧现象惊叹不已：马洛的夸张语言通过演员阿莱因慷慨激昂的宣泄式朗诵，使剧场里几千观众为之神迷、为之倾倒。英国舞台表现史翻开了出乎人们意料的新的一页。莎士比亚当然能看出其中的奥妙——马洛和基德笔下会说话的漫画人物为一种新的戏剧表现方式打下了基础。对于强者诗人，原创风格至关重要。没有任何一位伟大诗人在自己前进的道路上能够像莎士比亚那样远离自己的原创风格。当埃德加杀死埃德蒙之后，莎士比亚对马洛已经不屑回头一顾。（我们是否可以将其解读为莎士比亚最终结果了马洛？）我们也就此进入莎士比亚的最后一个创作期：悲剧与传奇剧。

对于莎士比亚来说，马洛的主要意义乃是剧作家以魅力征服观众的一个具体写照。这种魅力很艰难地与传统说教、社会约束和正教虔敬结合起来。自由——诗人剧作家从马洛眼里的不相关预期中解脱出来而获得的自由——乃是莎士比亚的前驱留给他的最大遗产。马洛的自由见于他的个性，亦见于他的戏剧语言，但是其后果是灾难性的。莎士比亚从表面上看属于个性最缺乏色彩的一类，但是他以巧妙得多的方式表达出他的自由：不但以戏剧语言来表达，而且以戏剧思想——剧中人物的思想和感情——来演绎。这里提出了一个老问题：莎士比亚在多大程度上控制着对马洛语言的回忆？《亨利六世》之后，存在一种反讽内屈现象，几乎始终如一地制约着莎士比亚对马洛的记忆。然而，这类回忆的主要形式不是典故暗示，而是另有他法：可能是以更细腻的语调多次重复。马洛的魅力并未消失，我们甚至可以将这种魅力命名为“马洛诱惑”。莎士比亚取得的自由以多层意义展示出来，显示出深奥而复杂的胜利成果：福斯塔夫、哈姆雷特、伊阿古——每一个人物都是一个个性完整的统一体。相形之下，马洛笔下的帖木儿、浮士德和巴拉巴斯不过是令人发笑的漫画人物而已。但是，把莎士比亚笔下栩栩如生的人物刻画与马洛作为漫画家的感情力量相比较，莎士比亚在更广义的层面上摆出了何种进攻的姿态？在莎士比亚的《亨利六世》里，塔尔博特只是一个漫画人物，跟摩尔人艾伦和理查三世并无二致。但是，这些漫画人物却因袭了马洛式的成功。高雅的揣测性语言居然使得恶魔和傀儡也足以感动观众，且感动的程度亦不亚于马洛的作品。当然，莎士比亚的心愿不仅仅是想更深沉地感动观众，而且要让观众与他一起进入人物的内心世界。

内涵日益丰富的内在自我已成为我们持续不断的困境，这要归功于莎士比亚的创造。相形之下，路德和加尔文起的作用要小一些。在当年的英国，蒙田和莎士比亚都以探索者的身份享有盛誉，这是由于约翰·弗洛里奥在当时英译了《蒙田文集》，而蒙田的思想有助于哈姆雷特自我意识的凸显。在此，我想回过头来强调一下：虽然莎士比亚对待演员时耐心有限，但他对待观众却是很有耐心的。观看莎士比亚戏剧的人以前都是马洛的观众，有的甚至还看过基德的戏。马洛和基德推动了莎士比亚，为他准备了大批观众。对于这一点，莎士比亚似乎是领情的。诗人剧作家要进入自由王国，这在一定程度上是要观众恩准的。

弗朗西斯·培根爵士曾经思考过“剧场效应”，并发表过高见：毫无疑问——尽管是大自然的一大秘密——群体的人比独处的人思想更容易受到情感的影响。纵观莎士比亚的文学生涯，他是充分利用了“剧场效应”的。而且他显然思考过剧场里的观众与教堂里的礼拜人群、与一支军队或听政客演讲的人群之间的相似点和相异点。可以肯定的是，培养莎士比亚开始这一思考的“学校”是他观看马洛戏剧演出的剧场——我在上面已经提到过这一点。而很可能这所“学校”里的第一堂课就强调了音响效果的重要性。《仲夏夜之梦》里的波顿这一角色完全不是马洛式的人物，这部戏剧的唯一一点马洛风格就体现在它非常擅长在此类幻想剧里——在《暴风雨》里亦如此——以音响效果控制视觉效果。但是，《暴风雨》和《冬天的故事》一样，既诉诸观众看得清楚或看得不甚清楚的部分，也依赖于观众所听到的部分。到了莎士比亚后期，我们已经远离了马洛，我们几乎淡忘了老师的教诲：诗人的自由度取决于对老观众的听觉淹没。除了某些难以理解的时刻，莎士比亚从来没有忘记，他对马洛式音乐的内化吸收从来没有停止过。我们又回到了出发点：帖木儿诱拐了观众，而莎士比亚边听边看，同时还分析这种“诱拐”的要素——这些要素对有文化的人和文盲同样有效。至于莎士比亚为什么难以驱除自身的马洛影响，我揣测还有另一线索可循。有些剧中人物自我夸耀的段落，文辞华丽异常，即使完全没有受到马洛的影响，但是乍一听总有点像马洛的文风——无论是在文体、节奏还是在结构方面。诗歌或诗意韵文，只要在舞台上朗诵出来，似乎就侵犯了马洛的垄断领地。而要推翻这种可怕的舞台垄断，却又谈何容易，甚至连莎士比亚都未能在《恺撒大帝》和《理查二世》中推翻这一舞台垄断。当《亨利四世》第一部里的烈火骑士慷慨陈词时，莎士比亚就让我们注意到马洛那无言的幽灵——那个在忘恩负义的学生哈尔和为爱所惑的老师福斯塔夫之间的争论里已经被赶走的幽灵。而当哈姆雷特一开口，马洛的鬼魂即告烟消云散，不再来纠缠青出于蓝而胜于蓝的继承者了。但是，幽灵的消亡可不是旦夕可竟的事业。作为马洛影响的尾声，埃德蒙这一角色向人们证明：马洛的影响还会延宕到莎士比亚的黄昏季节。

莎士比亚可能很欣赏马洛的一个反讽，这个反讽提醒他注意研究一个心理学问题：如何使用心理空虚但语言雄辩的漫画式人物来操控观众。具有更加深刻的反讽意味的是：莎士比亚摆脱马洛之道是一条渐进式内化之道，而内化的顶点是麦克白那梦幻式的想象。出人意料的是，这一内化过程的起点竟然是《理查三世》——莎士比亚有些感情用事，想让暴君在临死之前得到一点怜悯，这似乎是该剧的一大败笔。但是，我想先简单地回顾一下莎士比亚初期的几部戏剧，然后再来研究理查三世那引人入胜、虽然蹩脚却又颇有启发性的独白。

整个三部《亨利六世》没有博得多少喝彩，到了今天几乎已经看不出什么莎士比亚风格了。只有第二部里杰克·凯德的叛乱才有一点生活气息，像是“次马洛”的沙漠里的一小块绿洲。当时，莎士比亚初出茅庐，《帖木儿》和《马耳他岛的犹太人》还时刻在他耳际回响。只有当他用散文写作时，他才逃脱了马洛的影响，写出了莎士比亚风格的文句：“让我们首先，把全部律师给宰了。”可是，这几部戏还颇受欢迎，尽管剧中几乎所有人物讲的都是马洛式的语言。这使我们大惑不解。当第三部接近尾声，未来的理查三世大惊失色地走上舞台时，我们才勉强能够读出他自己的个性——然而，他的情感仍然缺乏鲜明的特色。

跟几部《帖木儿》剧一样，《理查三世》现在的受欢迎程度已大为降低。究其原因，在一定程度上还是在于行文太拘泥于形式，过于程式化，倒并不在于其过分机械性的马洛式冲击力。即将在波士华斯原野面对失败和死亡时，理查才从噩梦中惊醒；此时的莎士比亚想要打破马洛式冲击力的机械性，却徒劳无功。我们在毫无思想准备的情况下，突然陷入理查三世那危险的内化深渊，就像莎士比亚企图把暴君形象从马洛式的漫画描绘转变成细腻的心理刻画那样：

火光蓝幽幽的。时间已是半夜。
我浑身发抖，渗出了恐惧的汗珠。
我害怕什么？害怕自己吗？这儿并没有别人。
爱理查的是理查，就是说，我才是我。
这里有杀手吗？没有。啊，有的。我就是个杀手。
那就逃吧！怎么？逃避自己吗？好充足的理由——
怕我对我自己报仇。我会找我自己报仇吗？
啊，我是爱自己的。为什么爱？因为
我对自己干过什么好事吗？
啊，没有！我倒是因为
自己做的孽厌恶自己。
我是个歹徒。我说了谎，我不是歹徒。
傻瓜，你该说自己光明磊落呀，傻瓜，别再自我安慰了。
我的良心有一千条不同的舌头，
每条舌头都叙述着一个不同的故事，
而每一个故事都谴责着我，说我是个歹徒。
背誓，背誓，最严重的背誓；
凶杀，残酷的凶杀，最可怕的凶杀；
各种不同的罪孽，各种程度的罪孽，
都涌上法庭大喊大叫说：“他有罪！他有罪！”
我只有绝望；这世上没有一个人爱我，
我若死去，没有一个人会怜惜我。
他们为什么要怜惜我？连我自己
在自己身上都找不到值得怜惜的东西。
我仿佛觉得我杀害的人全都

来到了我的营帐，每一个阴魂都威胁说，
明天要找我理查算账。

（孙法理　译文）

这一段是全剧的败笔，也许是所有莎翁戏剧中写得最糟糕的一段。我们无法接受这一段败笔，因为在这段支离破碎的内心独白之前，没有任何迹象显示理查具有一个内在自我。为了弥补三部《亨利六世》的不足，在快要完成另一部马洛式剧本的时候，莎士比亚起来造反了，但是没有成功。此时，他仍然没有找到能够有把握地召唤起内在精神的步骤。他对马洛的误释似乎把漫画式人物与心理上容易受感动的观众混淆了。莎士比亚似乎想先仿效自己的前驱，然后把观众拉上舞台，从而超越自己的前驱。在“莎马之争”里，莎士比亚在摩尔人艾伦身上取得的胜利远远超过在理查三世身上获得的成功——可是，艾伦充其量只是《泰特斯·安德洛尼克斯》里的一个点缀性角色。

这部残暴的戏剧也许是莎士比亚根据乔治·皮尔较早的一个版本改编的，是一部有害身心健康的混编戏剧。它既包含家族仇杀的悲剧情节，又使用戏仿嘲讽的手段，是一部讽刺马洛和皮尔的戏仿剧。剧中那个凶残阴险的摩尔人艾伦是马耳他岛的犹太人巴拉巴斯的恶魔式回应。请看——

（巴拉巴斯）
至于我本人，我晚上走出家门，
在墙脚下杀死呻吟的病人。
有时候，我到处乱逛，在井水里下点毒；
不时地，为了珍惜那些当小偷的基督徒，
我愿意损失一些我的硬币，
使我在廊台上漫步时，
能欣赏他们被绑住双手在我门口走过。
年轻时，我学过药理学，并且开始
实践。第一次的对象是意大利人；
在那儿，我用一个个葬仪使神甫们发了财，

并使教堂司事们总有事干；
让他们掘坟墓，为死人敲敲丧钟。
离开意大利之后，我当起了谋略家。
在法德之间的战争中，我假装站在查理五世一边，
用巧计杀戮我的友人和敌人。
此后我又开始放高利贷，
通过勒索、诈骗、罚没，
以及掮客的种种欺诈手段，
一年中我使破产人挤满监狱，
让医院里满是孤儿。每个月都逼疯那么几个，
还不时有个把含悲自缢者。
我还在他胸前挂上一长串债据，
将他的尸首戏弄一番，真是其乐无穷。
但是，请注意，我这样折磨他们，却饱沐天恩：
我现在富可敌国，足以买下一座城市。
好了，现在给我说说，你这段时间是怎么打发的？

（艾伦）

唉！我只恨没有再多干它一千桩。
现在我还在诅咒这个时代——不过我想
被我诅咒的人中，很少
能逃过我的恶行，譬如：
杀死一个男人，或设计谋害他，
强暴一个姑娘，或谋算她的贞操，
诬陷好人的清白，做伪证，
使两个朋友变成不共戴天的死敌，
使穷人家的牛断掉脖子，
晚上去放火烧仓库和干草堆，
让主人家去用眼泪灭火吧。

我还常把死人掘出墓地，
让尸体笔直地站在亲友门前。
当人们对他们的哀伤淡去的时候，
我把他们的尸体当作树皮，在上面刻上罗马字：
“我虽已死，让悲哀永存你们心中。”
我干了一千件恐怖的事，
我只当是拍死几个苍蝇。
世界上只有一件事使我难受
——我没有机会再干它一万件。

（朱生豪　译文）

面对胸前挂着一长串债据的自缢者，你还有什么办法去超越他？唯有把尸体放在他亲友门前，并在他的皮肤上刻上你对他们兴高采烈的贺词！但是，这种竞赛仍然是马洛式的，虽然莎士比亚笔下的笑面虎以点数（借用一个拳击术语）取得了胜利。在莎士比亚的《约翰王》里再一次出现了竞争。在这一回合里，作者流露出种种焦虑——因为他的剧本仍然沿用了别人的模式。剧中所有的角色所使用的尽是一些马洛式的豪言壮语或悲恸哀叹，令人感到极度厌倦。只有一个人物例外，她就是向马洛模式发起挑战的、令人敬畏的康斯坦丝。请听一下她那著名的对死神的召唤吧：

死神，死神。啊，友好可爱的死神！
你芬芳的恶臭！健全的腐朽！

用现代人的眼光看，这里的第一行简直就是对惠特曼的时空穿越式的滑稽模仿。而第二行又像是麦克斯·比尔博姆在戏仿莎士比亚。通过这部戏剧的恐怖辞藻，莎士比亚以一种怪异的方式，第一次成功地塑造出了最高水准的原创性戏剧人物——私生子福康勃立琪。这是一种以漫画方式对马洛式的马基雅维利的严肃又诙谐的误读，是朝着福斯塔夫形象迈出的一大步。在福康勃立琪微笑着说出的华丽辞藻里，实际上涌出的却是莎士比亚的魔鬼般的语言——只是用“商品”取代了马洛的“谋略”。脱离了马洛的影响意味着更加强烈的喜剧因素进入了历史剧，并将华而不实的辞令转化为张扬豪放的戏谑。此时，法国王太子路易刚与西班牙的白兰绮订婚，他目不转睛地看着白兰绮，陶醉在孤芳自赏之中：

我得承认，在从她的眼里看到我自己之前
我从来没有爱上过我自己。
她秋水一泓映出我玉树临风。

（孙法理　译文）

这段独白念完，私生子随即走到台边，来了一段旁白：

映出玉树临风的秋水一泓！
黛眉颦蹙搭起了他的绞架，
大卸八块只凭她芳心一动！
可怜他一落情网就背叛了国家。
剖他的腹，绞死他，肢解他，
一见钟情害他成了大傻瓜。

（孙法理　译文）

莎士比亚以《理查二世》超越了《约翰王》。《理查二世》问世时，马洛已经死了两年，而该剧的直接竞争对象就是马洛的《爱德华二世》。这两部戏剧都以一位缺乏英雄气概的国王做主角。然而，莎士比亚笔下的理查二世虽然使我爱恨交加，却也是一名顶级的抒情诗人。而马洛笔下的爱德华二世显得很阴郁。理查二世就像一个未成熟的哈姆雷特，对语言失去了信心，对他自己——也对其他任何人——失去了信心。但是，这位孤芳自赏的君主又跟哈姆雷特不一样，他完全不具有个人魅力，而且又是一个受虐狂。尽管从表面看这个人物的刻画受到马洛笔下的爱德华二世的启示，但他的心理却错综复杂。他是一个具有诗人气质的国王。至于爱德华，根据哈利·列文的说法，那是“一位具有演员气质的国王”。莎士比亚曾经努力想进大学当一名特别自费生。他既是诗人又是演员，他把这两种角色划分得很严格。他让波令勃洛克——未来的亨利四世——具有演员那种迅速转变的本领。爱德华二世的戏剧性确实引人注目，但他的语言之空洞也是马洛笔下的主要角色中最为突出的。人们难以回避这么一个印象：马洛在爱德华身上抒发了某种施虐狂式的快感。这一印象贯穿全剧——在爱德华被恶魔莱德波思谋害这一情节里尤为明显。列文认为，莎士比亚笔下的理查二世在被废黜那一幕里，身上的演员气质绝对超过了爱德华二世。但是，这一点却降低了理查二世吟诵的玄学诗的价值，引起了他的绝望感，且一发不可收拾，一下子就超越了波令勃洛克的比较谨慎的表现。我们应该如何解读莎士比亚在理查二世对镜自怜、彻底崩溃并摔破镜子时为他设计的那段大胆的独白——其中引用了浮士德描写海伦的典故：

这张脸，还是当初
每天有一万人在它的殿宇下
讨生活的那张脸吗？

（孙法理　译文）

千帆远征，焚毁伊利昂高耸入云的城堡，这些场面可能比理查二世被废黜更为杳渺，与他那悲痛欲绝的反问句也更缺少关联。马洛在这里着墨本来大可不必。当然，我们也不妨将其看作理查二世在故意使用这一典故，而莎士比亚则以此来炫耀他又一次摆脱了马洛的影响，进入了自己的自由王国。爱德华二世是一个审美家，而不是美的制造者。理查二世的悲剧能够产生说服力，那是因为自我分裂已经将他毁灭。爱德华二世贪图享受，喜欢宠臣格拉斯顿，此外再无个性可言。而理查二世遭到废黜时，已经迫不及待地在朝着末日迈进，脾气乖戾，比爱德华二世也好不到哪儿去。但是，他的不同之处在于他具有内在的自我，并能够随心所欲地把内在自我表现出来。

莎士比亚从马洛的阴影下获得解放的主要标志乃是巴拉巴斯和夏洛克两名犹太人之间的差异。莎士比亚脱离了马洛风格，使得他——也使得我们——获得了某种不很确定的胜利：将马洛笔下的马基雅维利式人物改造成私生子福康勃立琪式的喜剧性英雄，或夏洛克式的喜剧性恶棍。我知道现在我们不这样演夏洛克这个角色；然而，这才是我们应该赋予他的本色。勒内·吉拉德在《嫉妒剧场》一书中对这两名犹太人做出了一种相当奇特的区分：巴拉巴斯是英国文艺复兴时期假想中的“反犹”思想的体现，而夏洛克是对假想中的“反犹”神话的挑战。这种区分模式与事实恰恰相反：巴拉巴斯至少是一个很有观赏性的人物，企图完成力所不能及的壮举，颇有点像马洛本人。而剧中的基督徒和穆斯林，就邪恶程度而言，都与巴拉巴斯不相上下，但在谋事的机智和成事的本领方面，则均逊色于巴拉巴斯。当我们听到巴拉巴斯大声呐喊“有时候，我到处乱逛，在井水里下点毒”，似乎也难以相信这就是所谓的“反犹”情绪。巴拉巴斯的性格不像犹太人，反而更像马洛本人。至于马洛，他的反基督教思想更甚于反犹太教倾向。但是，莎士比亚毫无疑问是写了一部“反犹主义”的大作的。剧中的夏洛克在安东尼的坚持下被迫皈依基督教，这一情节完全是莎士比亚自己的创造——在“一磅肉”的传说的基础上加进了他自己的令人毛骨悚然的创造。说实话，我还真有点害怕，怕莎士比亚对马洛的修正性胜利给人们带来一种“犹太人是魔鬼”的心理定式，使得巴拉巴斯这一漫画式形象反倒退居次席。“我要让你领教一下什么叫犹太人！”莎士比亚扬扬得意之情溢于言表。比之于马洛塑造的肤浅的大恶人形象，莎士比亚创造出的这个人物真正达到了惊世骇俗的境界。莎士比亚在原创力层面上对马洛的嫉妒心理——此前一直是他前进的动力——在《威尼斯商人》这部作品里已经烟消云散。巴拉巴斯即马洛。但是400年来，夏洛克却一直是“那个犹太人”；这个形象直到现在仍然具有极其强大的情感杀伤力。

莎士比亚驱除马洛的最后一役既不是烈火骑士（这个光辉形象当然是对马洛地位的一次嘲讽），也不是旗手皮斯托对帖木儿的大呼小叫的戏拟。莎士比亚以他无可比拟的反讽技巧，在最不带马洛风格的作品《皆大欢喜》里，嵌入了许多完全游离于上下文的影射马洛的词句。从表面上看，莎士比亚影射的对象是马洛的抒情诗《多情的牧人致情人》或其未完成的奥维德式叙事诗《海洛和勒安得耳》。但是，莎士比亚的反讽所针对的是马洛之死，其核心就是那个令人讨厌的小丑“试金石”的一句名言：

> 要是一个人写的诗不能叫人懂，他的才情不能叫人理解，那比之小客店里开出一张大账单（a great reckoning）来还要命。
>
> （朱生豪　译文）

从上面这句道白中，观众会自然而然地联想到巴拉巴斯所说的“小客房里数不尽的钱财”，也会认为所影射的是马洛在台伯特福被杀一事——据说起因就是一张“大账单”引起的争执。但很明显，马洛被杀是出自王室特务机关之指令。莎士比亚对此应该是了解的。查尔斯·尼古尔在《账单：克里斯托弗·马洛谋杀案》一书中认为：

(莎士比亚)的原意是：当一位已故诗人像马洛一样，其声誉遭到玷污，作品被人误解，这种感受几乎就是又一次的死亡。

莎士比亚持有这种看法是完全正常的。此时的他已经与诗的影响进行了斗争，并成功地将诗的影响彻底化解，现在开始以某种很微妙的方式为马洛辩护了，在某种意义上是在为马洛争取身后的哀荣。然而，经过“莎马之争”的最后一役，作为收场白的一个反讽却体现在《李尔王》里的埃德蒙身上。戴维·里格斯在《本·琼生传》一书里确认了约翰·霍兰德的直觉：《第十二夜》里的马伏里奥在一定程度上是对琼生的讽刺，是莎士比亚施于琼生的一次“净化”——琼生《从帕纳塞斯回归》的第二部曾经提及“净化”。然而，埃德蒙远远超越了对某一个具体的人的讽刺：他是精致化了的伊阿古，也可能是一名更厉害的恶棍；他的才智远在伊阿古之上，他对受害者的藐视也更加冷酷无情。但是，埃德蒙那看破红尘的虚无思想，他的迷人的魅力，他的过人的天资，他的“无神论思想”，他那惊世骇俗的肆无忌惮，他那具有异常蛊惑力的三寸不烂之舌，他坚决不要伪善的外衣——这一切使得他不同于他的情人高纳里尔和里根，而这一切又都影影绰绰地指向马洛。在某些方面，私生子埃德蒙实际上是私生子福康勃立琪的一个更加阴暗的版本，而且将“忠孝”二字换成了大逆不道的叛国行径。“马洛似埃德蒙”有别于“琼生似马伏里奥”。因为，以我们目前所掌握的资料来看，我们还没有什么外部证据可以证明“马洛似埃德蒙”。但是，作为一种对马洛之真实个性和人品的创造性“误读”或误释，《李尔王》里的埃德蒙是莎士比亚对他前驱笔下的马基雅维利式人物的不甚清晰的终极赞颂。

我们找不到进入莎士比亚之中心点的捷径，因为莎士比亚较之我们所能够知道的任何人，在思想、语言和情感方面都更加博大精深。莎士比亚戏剧中的最伟大的作品已经超越了戏剧领域。想揣测马洛或琼生的核心思想，我们或有踪迹可循。但丁、弥尔顿和华兹华斯的作品确实有很多艰深难读之处，但只要我们全身心地投入，孜孜不倦地攻读，我们仍然能悟出其中不少奥妙。但是，莎士比亚虽然在各个层面上都为我们带来精神上的享受，却从来不让我们进入他那隐蔽的自我王国去探索、去遨游。博尔赫斯认为莎士比亚是无私的，因此也是一个凡夫俗子。我们所坚持认定的“理论”却教条地认为：从来没有人——以后也不会有人——真正拥有她或他自己的自我。在我看来，这似乎是一种难以接受的虚构。“莎士比亚既是凡夫俗子，而又虚无缥缈”——这仅仅是博尔赫斯一个人做出的使人容易接受的一个假设？莎士比亚对琼生评价甚高，所以才拿马伏里奥的形象来讽喻他。马洛与莎士比亚相识，所以莎士比亚以一种矛盾的心理对他做了绝妙的刻画——刻画出埃德蒙这一典型。而这一任务成了莎士比亚的精神负担。难道莎士比亚在将他的自我形象埃德蒙搬上舞台时，没有显示出充分的自我关切和自我尊重吗？没有充分考虑自身的利害关系吗？莎士比亚演过老人，演过国王，也演过鬼魂。在《哈姆雷特》的“戏中戏”里面扮演国王的那位演员说出的是莎士比亚的心声，还是哈姆雷特的思想？幸存的埃德加是否在一定意义上就是幸存的莎士比亚的形象再现？奥斯卡·王尔德也许曾经对这类问题感兴趣，而在目前还健在的学院派批评家中，却没有人会让这类问题被提出来。詹姆斯·乔伊斯跟他的某些“故人”与“来者”一样，确认哈姆雷特即现实生活中的哈姆内特·莎士比亚——莎士比亚的那位 11 岁即夭亡的独生子。《哈姆雷特》无休止地刺激着这个世界，因为这个世界在《哈姆雷特》中发现了至今尚未得到解读的奥秘。在这一点上，《哈姆雷特》超越了其他莎士比亚戏剧，也超越了任何剧作家的作品。作为作家的莎士比亚激起我们无尽的遐思，而莎士比亚似乎并未想到对我们的遐思稍加指引。莎士比亚可谓神龙见首不见尾，我冥思苦索，终于思索出唯一的一条有力的线索：莎士比亚心中念念不忘的马洛意象。奥维德和乔叟在时间上已显遥远，对莎士比亚构不成什么威胁，对其构成威胁的唯有马洛这位前驱，这位比莎士比亚仅仅年长两个月的剧作家；何况马洛死后，莎士比亚又活了 23 年。

如果说马洛对于莎士比亚而言在总体上是一个意象——诗人危险的自由度意象、剧作家对于观众的危险的权势意象，那么，这一意象应能告慰马洛。而莎士比亚若以他笔下的福斯塔夫、哈姆雷特和罗莎琳而获得自我解放，他也许也会因重复这一意象而感到心满意足。有些学者认为，莎士比亚因为受到其他剧作家的竞争所产生的商业压力，才从悲剧创作转向我们所谓的“传奇剧”的创作。莎士比亚时刻准备紧握双拳，接受任何人的挑战。然而，当他战胜了马洛之后，他的超人的精力或天才仍然在激励着他。“变革”是莎士比亚戏剧中每一位主要人物所遵循的硬道理，也是莎士比亚艺术思想的法则。把一切虚构因素除外，我还真想不出有这样一个人——他在对一个无限增长的内在自我不具有感性认识的情况下，却能够对其进行典型塑造。马洛的创作生涯没有经历什么变革：他剧中的吹牛角色们都是一个套路，受害者们也跳不出窠臼，而那些马基雅维利式人物更是如出一辙。帖木儿、巴拉巴斯和吉斯，甚至浮士德，用的全是一种风格，心中的欲望亦无二致，往往使人晕头转向，难以区分。而莎士比亚一摆脱马洛的羁绊，便立即创造出具有鲜明个性的丰富的人物形象。这是诗的影响迄今取得的最伟大的胜利。

序曲　奇哉！他们身处父亲的庇荫而不认识他

当他发觉自己已经离开“充实”在朝着外面向下堕落，他试图回忆那“充实”的内容。

啊！回忆起来了。然而，他默然了；实在无法对人讲啊！

他想告诉他们：她朝着前方最远处跳跃后，跌入了他的怀抱之外的另一种激情。

她的情绪高涨到痛苦的极点，要不是因为到了极限而止步，她很可能已被甜蜜吞没。

然而，没有了她，激情照样洋溢，并且超过极限。

有时候，他觉得话到了嘴边。然而，他还是沉默着。

原来他是想说：“无力的女性的果实。”

……一位更严厉
更烦人的大师会即席提出
更微妙和更急迫的证据，
来证明诗歌的理论乃是生命的理论，

确实，在错综复杂地回避着诸如……

——史蒂文斯《纽黑文的一个普通夜晚》

绪论　对优先权之反思·术语说明

对优先权之反思

拙作拟通过对诗的影响——亦即诗人之间的各种关系——的阐述来提出一种新的诗歌理论。提出这种新的诗歌理论的第一个目的是纠正一种偏向，指出我们普遍接受的“一个诗人促使另一个诗人成长”的理论的非完美性。提出这种新的诗歌理论的第二个目的也是纠偏——旨在提出一种诗学，从而培育出更加切实可行的一代诗评。

本书认为，诗的历史是无法和诗的影响截然分开的。因为一部诗的历史就是诗人中的强者为了廓清自己的想象空间而相互“误读”对方的诗的历史。

本书的着眼点仅限于诗人中的强者。所谓诗人中的强者，就是以坚忍不拔的毅力向威名显赫的前代巨擘进行至死方休的挑战的诗坛主将们。天赋较逊者把前人理想化，而具有较丰富想象力者则取前人之所有为己用。然而，不付出代价者终无所获。取前人之所有为己用会引起由于受人恩惠而产生的负债之焦虑。试想，哪一位强者诗人希望意识到，他并没有能够创造出自己的独特风格？奥斯卡·王尔德自知缺乏那种克服对影响的焦虑的力量，因为作为一名诗人的他是不成功的。但是，王尔德同时也悟出了在“影响”这个问题上的不好点破的真谛。《读书桎梏歌》（*The Ballad of Reading Gaol*）使人尴尬得难以卒读。读者一眼就能看出，该诗中的每一点光辉都是从柯勒律治的《古舟子咏》折射出来的。尽管如此，王尔德的抒情诗却是英国浪漫主义文学的必选作品。正是有感于此，王尔德在其《W. H. 先生的画像》中才以他惯用的睿智笔锋写出苦涩的感叹：“影响乃是不折不扣的个性转让，是抛弃自我之最珍贵物的一种形式。影响的作用会产生失落感，甚至导致事实上的失落。每一个门徒会从大师身上拿走一点东西。”这里说的是对主动的影响的焦虑感。但是，在这一方面的任何逆向作用都不是真正的逆向作用。两年以后，王尔德对这种苦涩感又做了进一步的阐述。他让《道林·格雷的画像》中的亨利·沃顿爵士以一段精彩的道白告诉道林一切影响都是不道德的：

> 因为，对一个人施加影响等于把你的灵魂给了他。（一旦受到影响）他的思想就不再按照原有的天生思路而思维，他的胸中燃烧着的不再是他自己原有的天生激情，他的美德也不再真正属于他自己。甚至他的罪孽——如果世界上存在罪孽的话——也是剽窃来的。他完全成了另一个人奏出的音乐的回声，一位扮演着为他人而设计的角色的演员。

用亨利爵士的这一番议论来衡量一下王尔德自身，我们只需要读一下王尔德对佩特所著《欣赏》（*Appreciations*）一书的评论。其中的结论部分堪称精妙绝伦的自欺之笔：佩特“已经逃脱了他的门徒们”。美学领域里每一次重大的觉醒似乎都意味着诗人越来越善于否认曾经受到过前人的影响；与此同时，一代一代的追逐名声者不断地将别人踩翻在地。史蒂文斯受佩特的影响较之王尔德更甚，但是在他的书信中，他对这一点却耿耿于怀，慷慨激昂得发人深省：

> 当然，我并不否认我也来自“过去”，但是，这个“过去”是

> 属于我自己的过去，上面并没有打上诸如柯勒律治和华兹华斯等人的标记。我不知道有什么人对我具有特别的重要意义。我的“现实-想象复合体”完全属于我自己，虽然我在别人身上也看到过它。

他最好把最后几个字改为“恰恰因为我在别人身上也看到过它”。但是，诗的影响看来并不是史蒂文斯能够认真思考的问题。到了后来，他对影响之否认简直变成了脾气古怪的猛烈抨击。在写给诗人理查德·埃伯哈特的信中，史蒂文斯出于自我同情而深化了对埃伯哈特的同情：

> 我非常同情你对我这方面的任何影响之否认。提起这类事总会使我感到刺耳。因为，就我本人而言，我从来没有感觉到曾经受到过任何人的影响；何况我总是有意识地不去阅读被人们拱若泰斗者如艾略特和庞德的作品——原因就是不想从他们的作品里吸收任何东西，哪怕是无意的吸收。可是，总是有那么一些批评家，闲着没事干就千方百计地把读到的作品进行解剖分析，一定要找到其中对他人作品的呼应、模仿和受他人影响的地方。似乎世界上就找不到一个独立存在的人，似乎每一个人都是别的许多人的化合物。关于你所提及的 W. 布莱克，我想是指威廉·布莱克（Wilhelm Blake）吧。

这种认为除了学究气特别严重的书呆子外几乎不存在什么“诗的影响”的观点，本身恰恰反映出，诗的影响已经成了一种忧郁症或焦虑原则。史蒂文斯——正如他自己所坚持的那样——的确是一位很有个性的诗人。跟惠特曼和狄金森一样——也和他的同时代人庞德、威廉斯和莫尔一样——史蒂文斯是一位富有独创精神的地道的美国诗人。但是，诗的影响并非一定会影响诗人的独创力；相反，诗的影响往往使诗人更加富有独创精神——虽然这并不等于使诗人更加杰出。诗的影响是一门玄妙深奥的学问。我们不能将其简单地还原为训诂考证学、思想发展史或者形象塑造术。诗的影响——在本书中我将更多地称之为“诗的有意误释”（misprision）——必须是对作为诗人的诗人的生命周期的研究。当这一研究涉及展现这一生命周期的语境时，我们将不得不同时把诗人之间的关系作为接近于弗洛伊德称为“家庭罗曼史”的案例来加以检视，将诗人之间的关系看作现代修正派历史中的一个个章节来加以检视。“现代”一词在这里的含义是“启蒙运动之后”。正如 W. J. 贝特在《历史的重负和英国诗人》(*The Burden of the Past and the English Poet*)一书中所指出的那样，现代诗人是产生于启蒙运动思想的忧郁症的继承者。这种忧郁发自启蒙运动的心灵对自己所承继的双重想象力遗产——分别来自古人和文艺复兴时期的大师们——所持的怀疑态度。对于贝特已经出色地探讨过的领域，我在本书中基本上不再赘述，以便集中探讨类似家庭罗曼史的诗人之间的内部关系。虽然我采用这些家庭罗曼史的近似体，但是我的目的是有意识地去修正弗洛伊德的某些侧重点。

就我所能辨识的，本书提出的关于影响的理论所受到的主要影响乃是尼采和弗洛伊德。尼采是逆反理论的预言者，他的著作《道德的谱系》(*Genealogy of Morals*)是我所接触到的对美学思想中的修正派和禁欲派思潮阐发得最深刻的一种研究。弗洛伊德对防卫机制及其矛盾功能的研究则为制约诗人之间内部关系的“修正比”提供了我所能找得到的最清晰明了的可类比物。尽管如此，本书阐述的影响理论的特点是非尼采式的，我主张直写主义。我和维柯一样坚信：具有预见性是每一位强者诗人的不可或缺的条件。缺少了这一点，他就会沦为一名渺小的迟来者。我的理论也同样排斥经过修正的弗洛伊德式的乐观主义，即乐观地认为快乐的替代是可能的，第二机会能使我们免于对初始信念的孜孜追求。作为诗人的诗人不可能既接受替代理论又同时为了得到第一机会而奋斗不息。尼采和弗洛伊德都低估了诗人和诗的力量，却都过高地估计了幻觉效应的力量。他们虽然是伦理上的实在论者，但是他们把想象力过分地理想化了。尼采的信徒叶芝和弗洛伊德的信徒奥托·兰克比他们的老师更了解艺术家对艺术展开的斗争，更了解这场斗争跟艺术家与自然之间的针锋相对的斗争之间的关系。

弗洛伊德承认升华乃是人类取得的最高成就。这使得他和柏拉图以及犹太教和基督教的整个道德传统结成了同盟。弗洛伊德的升华涉及人们放弃初始形式的快乐，以求得较精致的快乐，也就是把第二机会的地位提高到第一机会之上。从本书的观点看，弗洛伊德的诗篇还不够严峻，比不上强者诗人们以其创造性的生命谱写出的严峻的诗。把情感的成熟等同于发现可接受的替代物，这也许是一种实用主义的睿智，在情爱领域里尤其如此；但是，这种实用主义的睿智并不是强者诗人的智慧。被放弃的梦想并不仅仅是追求无止境的满足的一种幻觉效应。这种梦想体现了人类最伟大的幻想——对不朽的幻想。假如华兹华斯的《永生的了悟颂》仅仅具有在弗洛伊德身上也能找得到的那种智慧，那我们就不会称它为“千古一颂”了。华兹华斯也认识到重复或第二机会乃是求得发展的基本要素。他在颂诗中也承认，我们可以用“替代”或“升华”来重新确定我们的追求方式。但是，《永生的了悟颂》同时又以悲愤的笔调指出了这种追求的失败，写出了具有创造力的天才诗人向时间暴君的抗争。就连杰弗里·哈特曼这样一位忠实于华兹华斯的评论家也能坚持划清得之于自然秩序的概念“优先”（priority）和得之于精神秩序的概念“权威”（authority）之间的区别；但是，华兹华斯的《永生的了悟颂》却不去做出这样的区分。哈特曼说得好：“为了克服‘优先’，艺术在自然的领地上向自然展开抗争，当然是非败不可。”本书的观点是，强者诗人们也注定会沦入这种不明智的做法。华兹华斯的“千古一颂”在自然的领地上向自然发起进攻，遭受了一次伟大的失败——尽管它保存下了一个更伟大的梦想。在华兹华斯的颂诗里，这个梦想的光辉被影响的焦虑遮掩了，原因在于其先驱者弥尔顿的诗篇《利西达斯》(*Lycidas*)。在《利西达斯》里，虽然表面上皈依了基督教关于“升华”的说教，但是它所表达出的人类对“升华”的摒弃却更加坚定，更加强烈。

每一位诗人的发轫点（无论他多么“无意识”）乃是一种较之其他所有男男女女更为强烈的对“死亡的必然性”的反抗意识。诗歌领地上的年轻的公民——用雅典城邦的说法是“新人”（ephebe）——从一开始就是反对自然的人，是逆反式人物。从他成为诗人那一刻起，他就开始像前驱们那样去追求一个永不能达到的目标。我想，谁都不能回避这一认识：这种追求必然导致诗歌的日益渺小。这一认识也是一部精确的文学史不可避免地要经受的。英国文艺复兴时期的诗坛巨匠们在他们的启蒙运动的继承人中找不到可与他们匹敌的人。至于启蒙运动以后的全部诗歌传统——浪漫主义——到了现代派和后现代派这些不肖子孙手里就更显得破败了。读者的默默沉思当然不会加速诗歌的沦落，但是，我们未尝不可以推定：我们传统意义上的诗歌一旦沦亡，那就必然是一种自杀——被它自身的历史传统力量扼杀。贯穿本书的是这样一种隐含的痛苦情绪：曾经光辉灿烂的浪漫主义也许正是一场波澜壮阔而虚无缥缈的悲剧。这场悲剧不是普罗米修斯式的悲剧，而是双目失明的俄狄浦斯的一项自我窒息的悲壮事业——俄狄浦斯并不知道斯芬克司正是他的缪斯。

双目失明的俄狄浦斯在走向神谕指明的神性境界。强者诗人们跟随俄狄浦斯的方式则是把他们对前驱的盲目性转化成应用在他们自己作品中的“修正比”。我将在下文中从强者诗人的生命循环中追踪出六种修正比。当然，还可以多列出几种，也可以采取和本书完全不同的命名法。我将这些修正比定为六种是因为对于我所理解的一个诗人如何偏离另一个诗人的方式而言，这六种是必不可少的，是具有实质性意义的。这六种修正比采用的名称虽然是任意选择的，但均取自曾经对西方的诗歌想象力起过核心作用的各种传统。我希望它们会有用。

本书的论述不包括最伟大的英语诗人，这基于下述几个理由。历史原因当然是其中一个，莎士比亚属于洪水期前的巨人时代。那时候，对影响的焦虑还没有形成诗歌意识的核心。理由之二涉及戏剧和抒情诗这两种形式的对立。随着诗歌日益主体化，前驱诗人投下的阴影日益上升到主宰一切的地位。当然，最重要的理由还在于：莎士比亚的最主要前驱乃是马洛，而马洛是一位比他的继承人莎士比亚渺小得多的诗人。以弥尔顿的伟大力量，尚且不得不向一位主要前驱——斯宾塞——展开微妙而又起了关键作用的斗争，而这场斗争对弥尔顿的成长既有利也有弊。柯勒律治一开始是弥尔顿的“新人”，后来成为华兹华斯的“新人”；他一定会很愿意让库珀（或者更加弱小的布勒斯）来当他的马洛吧。但是，影响是不以人们的意志为转移的。莎士比亚是英语诗人中不受本书所列规则制约的最伟大的范例：他做到了对前驱的绝对的吸收。

但是，本书所论述的只是势均力敌的强者之间的斗争，是父亲和儿子作为强大的对手相互展开的斗争：犹如拉伊俄斯跟俄狄浦斯相逢在十字路口。只有这样的斗争才是我的主题，虽然（如下文所述）某些父亲本身也是复合体。最伟大的诗人也会受到诗歌领域以外的影响，这一点即使对我也是不言而喻的。但是，我还是要重申一下，本书所关注的只是**诗人身上的诗人**，亦即地地道道的诗人的自我。

根据我在本书中提出的方式来改变我们对"影响"这一概念的理解，应有助于我们更精确地阅读理解以往的任何一组同时代的诗人。举例说，济慈的维多利亚时代的门徒中，**从他们的诗作来看**，作为济慈的误读者，最突出的要算丁尼生、阿诺德、霍普金斯和罗塞蒂。丁尼生在长期的隐蔽较量中是否战胜了济慈，对此没有人能做出定论。但是，丁尼生明显地优于阿诺德、霍普金斯和罗塞蒂，这要归功于他赢得了相对的胜利，或至少守住了自己的阵脚，而另外三人则蒙受了部分失败。阿诺德的挽歌式诗篇笨拙地把济慈风格和反浪漫主义的伤感混糅在一起，而霍普金斯的生硬且佶屈聱牙的用词以及罗塞蒂的艺术手法堆砌也与他们企图减轻自身的"诗的自我"的负担这个目标南辕北辙。同样，在当代我们也可观察一下庞德和勃朗宁之间无休止的争斗，或者观察一下史蒂文斯长期而基本隐蔽地向英美主要的浪漫主义诗人——华兹华斯、济慈、雪莱、爱默生和惠特曼——展开的内战。假如要编撰一部更加精密的诗史，这些例子和维多利亚时代的济慈派诗人一样，只是不胜枚举的例证中的几个而已。

本书的主要目的无疑是提出一个读者的批评观点。其语境包括他的同时代人的诗评和诗歌。他目前所处的危机使他感触良深。这一批评观点的背景也包括他本人对影响的焦虑。在当代最能感动我的诗作包括A. R. 阿蒙斯的《科森斯湾》（*Corsons Inlet*）和《突出》（*Saliences*）、约翰·阿什贝利（John Ashbery）的《片段》（*Fragment*）和《最快捷修补》（*Soonest Mended*）等。从这些诗篇里我能看到一种向诗歌的沦亡做抗争的力量，但我也从中看到了迟来者的筋疲力尽。同样，在为我廓清了回旋空间的当代诗评中，如安格斯·弗莱彻的《寓言》（*Allegory*）、杰弗里·哈特曼的《超越形式主义》(*Beyond Formalism*)以及保罗·德·曼的《不察与洞见》，我感觉到了人类智慧正在努力冲决形式主义批评的死胡同，在努力克服已经沦为空洞说教的原型批评以及它们在欧洲批评界发展出来的反人文主义的单调乏味——而后者还在竭力标榜它们能帮助阅读任何诗人写出的任何诗篇。作为我对当代这一领域的反应，我在本书的“插入章”里提出了一种比我们目前已有的批评理论更加具有逆反性也更为实用的批评理论。

以一首严峻的诗出现的一种诗论，必须要依赖警句、格言和一套相当私人的(虽然完全是传统式的)神秘模式。但是，这样的诗论仍然可以被视为——也可以要求人们将其视为——一篇论文。构成本书的所有成分——寓言、定义以及贯穿全书的作为自卫机制的修正比——都希望成为一部统一的阐述诗人的创造性精神所坚持的“优先”的忧郁沉思录的一部分。维柯把一切创造都读作一首严峻的诗。他懂得自然秩序的“优先”和精神秩序的“权威”**对于诗人来说**本来就是一致的，而且必须继续保持一致，因为只有这种严峻性才能构成“诗性的智慧”。维柯把自然的“优先”和精神的“权威”还原为属性。我把这种炼金术式的还原称为 Ananke(木卫十二)，这种可怕的必然性至今仍然统治着西方的想象。

公元 2 世纪的诺斯替派抽象理论家瓦伦丁纳(Valentinus)从亚历山大城出来传播灵界理论“普莱罗麻”(Pleroma)，传播三十朝代的富足以及神性的多元性：“奇哉！他们身处父亲的庇荫而不认识他。”寻找你已在而且正在的地方是最愚蠢不过的追求，也是注定要失败的。每一位强者诗人的缪斯，他的索菲娅，都在唯我主义的激情追求下尽力跳得最远、最深。瓦伦丁纳设定了一个**极限**，到了这个极限，追求就终止了。但是任何追求都是不会结束的，如果这一追求的语境是“不受制约的心境”——弥尔顿之后的最伟大诗人们的大千世界。瓦伦丁纳的索菲娅已经回归了，再度在“普莱罗麻”中结合了，只有她的**激情**或者**阴暗的意图**被分离出来落入了我们的尘世，超越了瓦伦丁纳的**极限**。新人必须堕入这种**激情**，堕入瓦伦丁纳称为“无力的女性的果实”的**阴暗的意**

图中。只要他能挣扎着从中脱身——哪怕是伤了腿脚或瞎了眼睛——他就有资格跻身强者诗人的行列。

说明：六种修正比

1. “克里纳门”（Clinamen），即真正的诗的误读（misreading）或有意误读（misprision）。该术语借自卢克莱修。在他的著作里，“克里纳门”指的是原子的“偏移”，以使宇宙内部可能起一种变化。一个诗人“偏移”他的前驱，即通过“偏移”阅读前驱的诗篇，以引起相对这首诗的“克里纳门”。这在诗人本身的诗篇里体现为一种矫正运动。这种矫正似乎在说：前驱的诗运动方向端正，不偏不倚地到达了某一点；但到了这一点之后本应“偏移”，且应沿着新人的诗运行的方向偏移。

2. “苔瑟拉”（Tessera），即“续完和对偶”。本书中，“苔瑟拉”一词并非取自马赛克的制作法，虽然在制作马赛克的工艺中至今还沿用此词。本书中的“苔瑟拉”取自古代的神秘祭祀仪式，是一种表示认可身份的信物。比如一口小锅的一块碎片，它能和其他碎片一起重新拼合成这口小锅。这是一种以逆向对照的方式对前驱的续完，诗人以这种方式阅读前驱的诗，保留原诗的词语，但使它们别具他义，仿佛前驱走得还不够远。

3. “克诺西斯”（Kenosis），即一种粉碎他物的工具，类似我们的心智用以抵制重复强迫的冲动的自卫机制。在本书中，“克诺西斯”是一种旨在打碎与前驱连续的运动。此词来自圣·保罗，指的是基督自我放弃神性，接受从神到人的降级。迟来者诗人表面上在放弃他自身的灵感，放弃他想象中的神性，似乎谦卑得不再是一名诗人了，但是，他的这种“衰退”（ebbing）是和某一位前驱的“衰退之诗”联系在一起施行的，遂使前驱的灵感和神性也被倾倒一空，结果这迟来者的诗并不显得那样绝对地毫无价值。

4. “魔鬼化”（Daemonization），即朝向个人化了的“逆崇高”的运动，是对前驱“崇高”的反动。我取此词的新柏拉图主义的一般含义：一个既非神亦非人的中间存在进入新人身体来帮助他。迟来者诗人伸开双臂接受这种他认为蕴含在前驱的诗中（但并不属于前驱本人，而是属于稍稍超越前驱的某一存在领域）的力量。新人在他的诗作里将这种力量和前驱原诗的关系固定化，从而以归于平庸的方法抹杀前驱诗作中的独特性，进而完成魔鬼化运作。

5. “阿斯克西斯”（Askesis），即一种旨在达到孤独状态的自我净化运动。虽然这个词是在一般意义上使用的，但我有意在前苏格拉底时代的萨满术士如恩培多克勒的实践中取用这个术语。迟来者诗人在此所经历的并非“克诺西斯”中那种倾空灵性的修正，而是一个缩削式的修正。他放弃自身的一部分想象力天赋，从而把自己和他人——包括前驱——分离开。他在自己的诗作中是这样完成这一运动的：使自己的诗和前驱的诗确立某一种关系，从而使前驱的诗也经历一次“阿斯克西斯”，这样前驱的天赋也遭到了缩削。

6. “阿波弗里达斯”（Apophrades）或“死者的回归”，该词取自雅典城邦的典故，原指每年死人回到他们原先居住过的房屋的一段不祥的日子。迟来者诗人在其诗人生涯的最后阶段已深受近乎唯我主义的想象中的孤独的重负之苦，这时，他再一次将自己的诗作彻底地向前驱的作品敞开，使我们乍一看还以为历史的车轮又转回到了原处，仿佛我们又一次来到了迟来者诗人被前驱光辉淹没的学徒期，似乎他的诗尚未来得及借助修正比显示出自己的力量。但是，这首诗现在是被**认作**向前驱敞开的（过去它确曾敞开过），并且产生了一种奇异的效果：新诗的成就使前驱诗在我们眼中仿佛不是前驱所写，倒是迟来者诗人自己写出了前驱诗人那颇具特色的作品。

第一章 “克里纳门”或诗的误读

……当你在观察
那光辉，它将射向心在编织着的
最令人内疚的偏移，然后将光辉逼射向它们，
而不是畏缩得乔装改扮或使光辉黯淡……

——A. R. 阿蒙斯

雪莱曾经猜想，所有时代的诗人都在为一首不断发展着的“伟大诗篇”做出贡献。博尔赫斯认为诗人们创造了他们的前驱者。假如说——像艾略特所坚信的——已经死去的诗人为他们的后继者构成了特定知识的进步，那么这种知识仍然是后继者的创造，是活着的人为了活着的人的需要而创造出来的。

但是，诗人——或至少是诗人中的最强者——并不一定像批评家甚至批评家中的最强者那样去阅读。诗人既不是理想的读者，也不是普通的读者；既不是阿诺德式的读者，也不是约翰逊式的读者。当他们读诗的时候，他们往往并不去思考：“在某某人的诗歌里，这是死的，而那还活着。”已经成长为强者的诗人不会去读“某某人”的诗，因为真正的强者诗人只能够读他们自己的诗。对于他们，明智审慎意味着虚弱，

进行准确而公平的比较则意味着未被选中。弥尔顿笔下的撒旦是处于最强盛阶段的现代诗人原型。而当撒旦在尼菲斯山上推理和比较时，他就变得虚弱了，由此开始了他的衰退过程。到了《复乐园》里，他已沦为一个处于最虚弱阶段的现代批评家的原型。

让我们试着（当然不是严肃地）把《失乐园》当作处于最强盛阶段的现代诗人的进退维谷境地的一个寓言来阅读。撒旦是现代诗人，上帝则是他那虽已死去但仍令人非常尴尬地时刻在场的有势力的祖先，准确一些说，是他的先辈诗人。亚当是具有强大潜质的现代诗人，但目前正处于最虚弱阶段，还须找到他自己的声音。上帝没有缪斯，也不需要缪斯，因为他已经死了，他的创造性仅仅体现于诗中的过去。在这部诗中还存活着的诗人里，撒旦拥有原罪，亚当拥有夏娃，而弥尔顿只有他"心中的情人"——弥尔顿在诗中四次庄重地祈请这位深居诗底为他的原罪不断哭泣的英灵。弥尔顿没有为这位英灵命名，虽然他用了几种称呼去召唤她。然而，弥尔顿说得好："我要召唤的是意义而不是名称。"撒旦——这个比弥尔顿还要强劲的诗人——已经达到了无须召唤缪斯的境界。

为什么称撒旦为一位现代诗人呢？因为他以巨人般的威力在弥尔顿和蒲柏的核心之处投下了苦恼的阴影。这阴影在柯林斯和格雷身上，在斯马特和库珀身上化为悲哀，并借助孤独而得到净化；而在现代诗人的典范——华兹华斯这位真正的诗人身上得到了最充分的体现。随着弥尔顿笔下故事的展开，随着上帝之子化为肉身以及撒旦对**这一**化身的否认，"诗人气质"便开始在撒旦身上现形了。现代诗歌发轫于撒旦的两句宣言："我们不知道我们不是现在这个样子的时候。""弱者是痛苦的，不论是在干活还是在受苦。"

让我们沿着弥尔顿在诗中安排的顺序走吧。诗开始于我们的觉醒——不是对"堕落"的觉醒，而是醒悟到"我们正在堕落"。诗人是我们中的被选中者，但当他意识到自己被选中时，这种意识就成了一种诅咒。同样，这种诅咒的内容并不是"我是一个堕落者"，而是"我是人，我正在堕落"，或更确切一些——"**我曾经是上帝，我曾经是人**（对诗人来说，上帝和人本是一回事），我**现在正**在堕落，从我自身堕落”。当这种对自我的意识被提高到一个绝对高度时，**这时候**，诗人就跌落到地狱的实地上了，更确切地说，到达了深渊的底层，并在那儿以其冲击力创造出了地狱。他说道：“我似乎已经停止堕落了。现在我成了一名堕落者，于是我便躺在地狱中了。”

就在这一瞬间，在这一片丑恶之中他发现了自己的善，他选择了一条英雄之路：去经历地狱之苦，去探索在地狱里还可能有什么作为。要是他不选择这一条英雄之路，剩下来的另一种选择只能是忏悔，只能是接受一个全然处于自我之外的“上帝”，彻底地无所作为。这个上帝就是文化史，就是逝去的诗人们，就是一种因为太丰足所以无所求的传统所带来的种种苦恼惶恐。而我们，为了理解强者诗人，必须比他走得更远——必须走回到还未意识到堕落的静谧境界。

当撒旦或诗人站在由他那堕落的自我点燃的火海之中环视四周时，他看到的首先是一张他勉强能认出的脸庞，那是他最亲密的战友“庇埃尔芭芭”——具有诗才，但从来没有成为天才的诗人，时至此刻则更是永远不可能成为天才诗人了。而且，作为一位真正的强者诗人，撒旦之所以对他最亲密战友的脸庞感兴趣，仅仅是由于这张脸反映出了撒旦自己现在的尊容。这种有限度的兴趣既不是在嘲讽我们熟悉的诗人，也不是在嘲讽大英雄撒旦。如果庇埃尔芭芭脸上有那么多的疤痂，看上去是那么不像他留在幸福的光明之地上的真实形象，那么这说明撒旦本人被残酷地剥夺了美，像沃尔特·佩特一样注定要成为文学的半人半兽，陷入本质上的贫乏和想象力的枯竭，而在这些方面他曾经是最富足的，几乎不缺乏任何东西。但是，以其为人所诅咒的诗人力量，撒旦拒绝沉湎于这种遐想，而是转过身来着手完成他的使命——把一切残余力量重新召集到他的大旗之下。

这项使命包容一切且富有想象力。它包括了创作没有严格特定目标之诗歌的一切可能动机。人们到底为了什么而创作诗歌？还不是为了集结一切剩余的力量；既不是追求神化，也不是追求合法性。弥尔顿笔下堕落了的亚当以及《复乐园》中的圣子表现出来的那种忍辱负重的英雄主义乃是基督教诗歌的一个主题，也勉强可以算是诗人的英雄行为。当参孙嘲笑哈拉发："放马过来吧，我的双脚戴上了镣铐，可我的拳头还能使唤。"我们又听到了弥尔顿在讴歌强者诗人的天生美德。在弥尔顿笔下，诗人身上真正的英雄主义乃是一种自我毁灭的激情。这是一种光荣的毁灭，因为它拉倒了敌人的殿堂。撒旦在组织他的混沌世界时，在一片黑暗中发布纪律时，在号召他的部下像他本人一样绝不表示悲哀时，成了作为诗人的一位英雄，他发现了到底还需要做到些什么，虽然他明知做不到。

这是一种恰好处在唯我主义边缘的英雄主义，既没有进入也没有超越唯我主义。撒旦日后的衰退——如弥尔顿笔下的"白痴提问者"所叙述——则是由于英雄从这一边缘后退而步入了唯我主义，从而降低了自己的档次。当他在尼菲斯山上道出自己的内心世界时，他已经不再是一位诗人了。当他反复吟诵"让恶成为我的善吧!"的时候，他已经从英雄降级为一个单纯的叛逆者，一个幼稚的颠倒传统道德范畴的人，一个令人讨厌的不像学生的学生——永恒的"新左派"的老祖宗。一个现代诗人，欣喜于自己悲哀的力量，总是站在唯我主义的最远端，因为他刚刚从中脱颖而出。从华兹华斯一直到史蒂文斯，现代诗人保持平衡的艰难就在于要在唯我主义的远端维持一种姿态，在那儿他以其自身的存在而宣布："我看到和我听到的一切无不来自我自身。"但他同时又承认："我一无所有，但我'在'，我在故我在。"第一句本身或许是对公平的唯我主义的委婉的反抗，使人感到这等同于前文中的"我们不知道我们不是现在这个样子的时候"。而第二句则是对第一句的修饰，使之成为诗而不是痴语。这句话等于："在我身外别无他物，因为我已经看透了它们的生命原来和我的生命是同一个，所以'我即我所是'，也就是说'我将出现在我愿意在场的任何地方，任何时间'。我正在奋力前进，一切可能的运动确确实实是可能的；如果说目前我仅仅是在老窝里做探索，至少我还是在探索。"或者套用一句撒旦可能会说的话："不论是在干活还是在受苦，我都将感到幸福。因为即使在受苦，我将依然是强者。"

看看大多数现代批评家是怎样看待撒旦的，那真是令人痛心，因为他们根本就没有真正地观察他。把这些视而不见的人列入一张名单，恐怕一切名声显赫者都在上面。从艾略特所说的“弥尔顿的卷头发的拜伦式英雄”（人们不禁会环顾四周而发问：“指的是谁呀?”）到诺思罗普·弗莱令人惊讶的倒退——他使用文质彬彬的讽喻引出瓦格纳式（Wagnerian）的背景（这令人感慨：“一位真正的批评家，在上帝麾下而不自知”）。幸亏我们还听到了燕卜荪发出的符合潮流的召集令：“回到雪莱去!”由是，我向着雪莱走去。

仔细观察了弥尔顿对撒旦——他在诗坛上的对手和黑暗世界的兄弟——所持的刻薄态度之后，雪莱谈起读过弥尔顿诗的读者在心目中建起的“恶毒的伦理观”，因为这些读者会情不自禁地把撒旦的缺点跟上帝对撒旦的恶意相对照，然后为撒旦开脱——因为上帝对撒旦的恶意已经超越了一切尺度。雪莱的这一观点为C.S.刘易斯派（或天使派）的“弥尔顿批评”所歪曲；他们进一步权衡了撒旦的缺点和上帝的错误，发现撒旦的缺点的分量要轻一些。这种伦理观——雪莱也会同意我们这样说——的恶毒程度并不亚于我们说（如我准备说的）：弥尔顿笔下的上帝的错误要少一些。这种说法还是一种道德评价，而且作为对诗歌的评论，它还是一种说教。换句话说，它仍然是恶意的。

即使最强劲的诗人一开始也是弱者，因为他们在刚起步的时候憧憬未来的亚当，而非缅怀过去的撒旦。布莱克为亚当状态命名，称之为“收缩的极限”（Limit of Contraction）；为撒旦状态命名，称之为“模糊的极限”（Limit of Opacity）。亚当是一个特定的人或自然人；超越了他，我们的想象力就不会收缩。撒旦则是自然人的受到挫折或压抑着的欲望——更准确地说，是这种欲望的幽灵或阴影。超过了这个幽灵状态，我们不会再对幻象（Vision）保持冷漠。但是，这个幽灵却赖在我们的压抑心绪中，而且我们已经非常冷漠了，因为我们已经萎缩得非常厉害了。我们的心在哀呼：够了，我们已经活不下去了，遮护天使已经吓走了我们的创造性潜质，这已经够我们受的了。这里，布莱克用“遮护天使”（Covering Cherub，源出弥尔顿、《以西结书》和《创世记》）来象征我们那一部分萎缩了、凝固了的创造力。布莱克很准确地为人的这一部分叛逆成分命了名。在“堕落”之前（对布莱克来说，就是“在创世之前”，因为“堕落”和“创世”对布莱克来说是同一件事），遮护天使是田园式天才撒尔墨斯（Tharmas），是形成不可分割的意识的统一过程，是一种前反思的、未受世俗玷污的、既没有主体也没有客体的天真无邪状态；同时，因为它没有自我意识，所以也不存在陷入唯我主义的危险。撒尔墨斯是诗人（或任何人）的实现力，就像遮护天使是阻碍实现的一种力量。

历史发展到今日，还没有哪一位诗人——即便是弥尔顿或华兹华斯那样的心志专一者——可以称得上是一位撒尔墨斯，也没有哪一位诗人是遮护天使，尽管柯勒律治和霍普金斯（也许还有艾略特）最终都听任遮护天使的摆布。传统延续到了目前阶段，诗人们既是亚当又是撒旦。他们起步时是自然人，宣称他们再也不会萎缩了；而他们的结局是受挫的欲望。他们感到沮丧仅仅是因为做不到启示录式的淡漠。然而，在这两个阶段之间，他们之中最伟大的人物是非常强劲有力的；他们在成长道路上经历过代表亚当短暂的鼎盛期的自然强化以及标志着撒旦的昙花一现而超乎自然之光荣的自我实现的英雄本色。强化和自我实现两者都唯有通过语言才能完成。但是，亚当和撒旦之后还没有一位诗人能够使用摆脱了前驱们制造出的那种语言的另一种语言。乔姆斯基认为，当一个人在说某种语言时，他是知道大量以前没有学过的东西的。批评就是努力地教一种语言，因为一种语言中从未学过而作为天赋而来的东西乃是一种已经写就的诗。我的这一观点得自雪莱，他说过：每一种语言都是一首被遗弃了的循环诗的陈迹。换句话说，批评并不是教会人们一种批评的语言（这种形式主义观点普遍存在于原型主义者、结构主义者和现象学者之中），而是教一种已被用来写就诗歌的语言，是关于影响的语言，是关于一种制约作为诗人的诗人们之间关系的辩证法的语言。**每一位读者**作为诗人在他所谈到的东西里都并不能体验到他作为批评家所必然感到的那种支离破碎感。给读者身上的批评家带来愉悦的也许会给他身上的诗人带来焦虑。这是一种我们作为读者已经学会将其束之高阁的焦虑，无论这会给我们带来什么样的损失和灾难。这种焦虑、这种忧郁，就是影响的焦虑——一块我们现在正要踏上的黑暗而具魔力的土地。

人是怎样成为诗人的？或者套用一句老话：诗人气质是怎样体现的？当一位潜在的诗人第一次发现影响的辩证法（或为影响的辩证法所发现），当他第一次感到诗对他来说既是外在的也是内在的时候，他便开始了一个发展过程。这一过程一直要到他自身内部的诗完全枯竭时才会终结，而这时他早已具备了在其身外再度发现诗的能力（或欲望）。虽然这整个发现过程实质上是一种自我认知——可以说是“第二次诞生”——而且从纯理论角度说应该以一种完全的唯我主义来实现，但这是本身永不会完整的一幕戏。这是近乎完美的唯我主义者——潜在的强者诗人——在心灵深处才会感受到的那种**别的诗人**的影响意义上的诗的影响，尽管这个意义令人惊讶，令人痛苦，令人喜悦。因为诗人注定只能通过对**其他的自我**的意识来了解自身最深切的欲望和追求。诗**在他心中**，但他体验到**为在其身外的诗**——伟大的诗篇——**所发现**而带来的耻辱和光荣。在这个中心点失去自由是不可宽恕的，会使人永远感到自主权受到威胁的恐惧。

马尔罗（Malraux）说过：“每一个年轻人的心都是一块墓地，上边铭刻着 1 000 位已故艺术家的姓名。但其中有正式户口的仅仅是少数强有力的而且往往是水火不相容的鬼魂。”马尔罗接着又说：“诗人总是为一个声音所困扰，他的一切诗句必须与这个声音相协调。”由于马尔罗主要说的是视觉艺术和叙事文学，因此他得出的公式是：“从模仿拼凑到独立风格。”这个公式应用于诗的影响显然是不够的。在诗的影响的领域里，走向自我实现的途径更加接近于克尔恺郭尔的名言：“愿意努力工作者创造出他的父亲。”我们还记得，多少世纪以来，从荷马的后人们到本·琼生的后人们，诗人之间的影响一直被描写成一种子承父业的关系；而后我们又看到，**诗的影响**，而不是诗的**父子关系**，乃是启蒙运动的又一个产物，是笛卡尔二元论的又一个方面。

早在阿奎那的经院拉丁文时代，“影响”（influence）这个词就带上了“拥有凌驾他人的力量”的意义。但是，没有过几百年，它就失去了它的本义“流入”（inflow）以及它的主要意义——从星球射向人类的一种放射和力量。起初使用这个词时，所谓“受到影响”就是指来自天体的以太流的流入。这种以太流会影响人的性格和命运，改变尘世的一切事物。这是一种神圣的伦理力量——后来干脆被视为一种神秘的力量。这种力量显示出自身的威力，藐视人们心中一切似乎是自愿的意志。在我们现在这个意义上，即“诗的影响”意义上的“影响”一词，是很晚才形成的。在英语中，“影响”一词在德莱顿的批评术语里是没有的。蒲柏也从来没有在我们现在这个意义上使用过这个词。1775 年，约翰逊对“影响”下的定义是星相学或伦理学意义的，并指出后者是一种“上升的力量，是一种指导或修正的力量”。但他举的例子都是宗教性的或个人方面的，不涉及文学方面的内容。又过了两代人的时间，当柯勒律治在文学领域里使用这个词时，“影响”才基本上具有了我们今日使用时的意义。

但是，影响的焦虑之存在远远早于“影响”这个词的应用。从本·琼生到塞缪尔·约翰逊，诗人关系之间的父子孝道已经让位于一种由弗洛伊德的睿智首次命名为“家庭罗曼史”的错综复杂的感情；伦理的力量已成为一份忧郁情感遗产。本·琼生依然认为影响是一种健康力量。所谓“模仿”，他认为指的是：“能够将另一位诗人的物质或财富转化成为我所用的东西。选择一位超越其他人的大师，向他学习，直到自己达到能与这样一位大师乱真的程度。”如此看来，本·琼生对模仿并无焦虑，因为对于他来说，艺术即**勤奋的工作**（这倒令人耳目一新）。然而，阴影终于降下了。随着启蒙运动之后人们对“天才”和“崇高”的热忱，焦虑亦应运而生，原因是艺术已经成了超乎勤奋工作之外的东西。爱德华·杨格以朗基努斯式对“天才”的膜拜，久久地凝思着父辈诗人（对后辈诗人的）致命的美德。当他感慨万千时，他也预言了济慈的信札和爱默生的《论自力更生》。他感叹伟大的前驱们：“他们**垄断**了我们的注意力，使我们无法认真地观察我们自己。他们使我们存有**偏见**而过分地颂扬他们的能力，从而削弱我们的自我意识。他们用自己盛名的光辉**吓唬**我们。”塞缪尔·约翰逊博士虽然比本·琼生更为坚毅，更富有古典式的忠诚，却也制造出了一套复杂的批评模式。在这套批评模式里，诸如懒怠、孤独、独创、模仿以及创新等概念非常奇怪地混合在一起。约翰逊大声疾呼：“在诗歌的惩罚领域里，坦塔罗斯（Tantalus）的情形是有点令人怜悯的，因为当他伸手采摘时，四周悬挂着的果子都退到手够不着的地方。但是，那些虽然可能在经受坦塔罗斯式的苦难却贪图安逸不愿动一根手指去采摘的人，他们凭什么得到怜悯呢?”我们对约翰逊的破口大骂感到畏惧，而当我们知道被他责骂的对象还包括他本人时，则会更加感到震惊。因为，作为诗人的约翰逊是又一位坦塔罗斯，是遮护天使的又一个受害者。在这方面，只有莎士比亚和弥尔顿能免于约翰逊式的鞭笞。甚至维吉尔也被谴责为过分地模仿荷马。随着约翰逊这位英语文学的最伟大批评家的出现，我们也有了对诗人的影响这种疾病的最伟大的诊断师。诚然，这种诊断还属于约翰逊时代。休谟崇敬沃勒（Waller），但他认为沃勒之所以能免受约翰逊式的鞭笞，乃是由于贺拉斯离他太久远。我们今天离贺拉斯更加遥远，因此能够看清贺拉斯离沃勒还不够久远。沃勒已经死了，而贺拉斯还活着。约翰逊沉思着说：“由于上一代统治者的政绩，君主的治国之责加重了。”他又说：“一个著名作家的后来者面临着同样的困难。”对这种司空见惯的幽默我们是太熟悉了。任何读过《自我推销》（*Advertisements For Myself*）这本书的人都会会心地欣赏诺曼·梅勒是多么焦虑，他拼命想逃脱他自己感受到的焦虑——归根结底是时刻缠绕着他的海明威。我们也可以（趣味也许要浅薄一些）读一下罗斯克（Roethke）的《远方的田野》（*The Far Field*）或贝里曼（Berryman）的《他的玩具，他的梦，他的安息》（*His Toy*，*His Dream*，*His Rest*）。我们会大声惊呼：哎呀，这块“田野”太接近惠特曼、艾略特、史蒂文斯和叶芝的田野了，而那些玩具、梦境和名副其实的安息也同样是这几位诗人的享受。对我们来说，所谓“影响”就是对于约翰逊和休谟而言的焦虑。在本书中，随着尊严的降低，心理痛苦会得到延伸。

逝波冲刷了**诗的影响**的光泽，使它归于智力修正这一更广阔的现象的一个部分。而修正思潮——无论在政治理论、心理学、神学、法学还是诗学方面——在我们这个时代已经改变了它原有的性质。修正思潮的鼻祖是宗教异端，而异端改变公认的学说往往靠的是改变平衡，而不是所谓的“创造性的纠正”（现代修正思潮的更为突出的标志）。大致说来，异端产生于侧重点的转变。而修正思潮是跟随着公认的学说到达某一点，然后再分道扬镳，且坚持认为：原有的学说就是从这一点开始——而不是从其他点开始——才走向错误方向的。弗洛伊德凝视着他的修正者们喃喃地说：“你们要考虑一下那些使不少人感到难以与他人相处或难以屈从他人的强大的感情因素。”但是，弗洛伊德太世故了，他不会去分析他自己提起的这些“强大的感情因素”。有幸没有沾染上这种圆滑世故的布莱克则至今还是自启蒙运动以来最深刻、最有创新精神的修正思潮理论家。他的主张也是一种新的关于“诗的影响”的理论的发展所不可或缺的帮助。布莱克认为，被任何前驱者的体系奴役意味着使自己囿于无法摆脱的推理和比较——也许是将自己的著作和前驱者的诗作进行比较，从而丧失了创新意识。由此可见，诗的影响乃是自我意识的疾病。但是，这一种焦虑连布莱克也没有能幸免。当他幻觉到最伟大的前驱者时，折磨着他的不祥的连祷文非常强烈地出现在他面前：

……那男性—女性，那恶龙的形象，
匿身于战争的宗教，一条红色的恶龙和一个隐匿的娼妓。
这一切都反映在弥尔顿的阴影里，他是那遮护天使……

我们和布莱克一样都清楚：诗的影响既是“得”又是“失”，它们不可分割地交织在历史的迷宫中。这种“得”是什么性质的“得”？布莱克将“状态”和“个人”做了区分。“个人”经历了“存在”的各个“状态”之后仍然是“个人”；但是“状态”却在不断地前进，不断地从一种状态转入另一种状态。可能受到指责的只是“状态”，而不是具体的“个人”。所谓“诗的影响”指的就是“个人”或“个别事物”在各种“状态”中的经过。跟一切修正思潮一样，诗的影响是一种精神赋予；这种精神赋予或许只有通过被公正地称为“精神反常”（布莱克将其更精确地称为“状态反常”）的状态才能降临到我们身上。

世界上确实会出现这样的情况：一位诗人通过精神的慷慨——甚至

是共享的慷慨——来影响另一位诗人。更确切地说，一位诗人的诗作以这种方式影响另一位诗人的诗作。然而，我们那种太容易的理想主义在这儿是不合时宜的。因为，一旦牵涉到慷慨的施舍，那位被影响的诗人岂不就成了不重要或渺小的了。施舍得越慷慨，越带相互性，牵涉在内的诗人就越可怜。何况，这里的影响也是以错误理解（misapprehension）的形式在起作用——虽然这种错误理解往往是无意的，几乎是不知不觉地进行的。至此，我便达到我的理论的核心原则（虽然其武断性不能增加其真实性，但其真实性却已经足够了）：**诗的影响——当它涉及两位强者诗人、两位真正的诗人时——总是以对前一位诗人的误读而进行的。这种误读是一种创造性的校正，实际上必然是一种曲解。一部成果斐然的“诗的影响”的历史——亦即文艺复兴以来的西方诗歌的主要传统——乃是一部焦虑和自我拯救的漫画般的历史，是歪曲对方的历史，是反常的随心所欲修正的历史。而没有这一段历史，现代诗歌本身是不可能存在的。**

洋洋得意地蜷伏在我本身之“存在”这一迷宫中的我自己的“白痴提问者”要提出抗议了：“先不论其论点正确与否，这一条原理有何用处呢？”有没有必要告诉人们，诗人不是普通的读者，更不是批评家——因为真正意义上的批评家乃是被提高到了拥有最高权力地位的普通读者？“诗的影响”究竟是什么？对诗的影响的研究归根结底是否比那烦琐得令人厌烦的训诂考证和典故统计工作（这种工作一旦从学者手里转到计算机上，也就意味着天启大动乱之来到）更有用呢？艾略特不是传给了我们一些特殊的暗语吗？优秀的诗人不露声色地剽窃，而蹩脚诗人则暴露出他所受到的影响——他借用了他人的声音。从爱默生的格言（“坚持自我，绝不模仿”和“灵魂永远不会愿意做自我重复”）一直到最近摇身一变成为当代阿诺德的诺思罗普·弗莱的观点（利害关系的神话使诗人不愿忍受受惠于他人的焦虑）来看，这些人不都是文学批评方面的伟大的理想主义者和“诗的影响”的否认者吗？

对于这样的理想主义，人们可以欣然引述利希滕贝格（Lichtenberg）的妙论：“是的，我也喜欢崇拜伟人，但只是那些我无法读懂其著作的伟人。”这位“诗的影响”的哲人还说过：“做迥然相反的事也是一种形式的模仿，‘模仿’的定义完全应该包括这两个方面。”利希滕贝格的言外之意是，“诗的影响”本身就是一个矛盾修辞语。他说得确实有道理。但是，依此类推，则罗曼蒂克的爱也是一个矛盾语；而罗曼蒂克的爱非常接近“诗的影响”——另一种光荣的精神反常，虽然它的行动方向截然相反。面对着“伟大的原作”，诗人不得不去吹毛求疵以找到那实际上并不存在的缺点，而且是在最高级的想象天才的核心中去寻找。情人被带到茫然若失的深处，却在相互的幻想中发现（就像他发现了对方）了那首并不存在的诗。克尔恺郭尔说：“当两个人坠入爱河时，当他们俩感到是天生一对时，那正是他们互道珍重、分道扬镳的时机。因为再发展下去，他们将失去一切而一无所获。”当新人或作为诗人的青年人的雄壮形象被他“伟大的原作”发现的时候，这正是他继续努力前进的时机，因为他将能获得一切，而他的前驱者也不会受到任何损失；功成名就的诗人真的没有什么可损失的。

但是，存在着一个被称作撒旦的状态。处在这个艰难状态的诗人必须利用别人的诗作。因为，撒旦乃是纯粹的或绝对的对自我的意识，它不得不承认它与晦涩性的密切关系。由此可见，所谓撒旦状态乃是对二元论的持续意识，是对陷入了“有限”这一陷阱的持续意识——不仅体现在空间（人体）方面，也体现在可用时钟衡量的时间方面。既要达到精神上的纯粹，又要自知受到愚钝不清晰性的限制；既要声称自己的历史可以追溯到“创世—堕落”之前，又不得不屈从于数字、重量和衡量标准。所有这些代表着面对诗的宇宙——已经写出和将要写出的诗，即文化遗产的灿烂光辉时具有丰富想象力的强者诗人的处境。在我们这个时代，形势甚至比受到弥尔顿困扰的 18 世纪或受到华兹华斯困扰的 19 世纪更为严峻，更为危急。我们的当代及未来诗人唯一可以聊以自慰的是：自弥尔顿和华兹华斯以来，还没有出现过泰斗式的巨人，即使是叶芝和史蒂文斯也还算不上是这样的巨人。

人们只要注意观察一下 20 世纪之前的十来个产生过诗的影响的主要人物，就不难发现他们之中哪一位是处在伟大的“压制者”地位的——

甚至把诗人的强大的想象力扼杀在摇篮之中的——斯芬克司：他就是弥尔顿。弥尔顿之后的英语诗坛的座右铭已由济慈一语道出：“他的生即我的死。”弥尔顿身上那种置人于死地的生命力就是他身上的撒旦状态。这种生命力与其说通过《失乐园》中撒旦的个性而展现给我们，不如说更清楚地体现在作为诗人的弥尔顿对他自己笔下的撒旦可以颐指气使的那种关系上，体现在他与18世纪的所有强者诗人以及19世纪的大多数强者诗人之间的关系上。

任何一种评述英语诗歌的影响的理论和历史所必然遇到的核心问题就是弥尔顿。他比华兹华斯更为突出，虽然华兹华斯之于我们比他之于济慈还要更接近一些。他使我们面对现代诗歌中——亦即我们自身中——一切最严重的疑难问题。以弥尔顿为鼻祖，以华兹华斯为伟大的修正者，以济慈和华莱士·史蒂文斯等人为依赖性继承者的蓝图构成了一条沉思派诗人的线索。将这条线索统一起来的乃是对二元论的诚恳的接受，而不是那种试图打破一切二元论的狂热欲望。正是这后一种反对二元论的狂热欲望统治了整个幻想式（visionary）和预言式的一派——贯穿着从比较温和的斯宾塞直到表现出各种不同激烈程度的布莱克、雪莱、勃朗宁、惠特曼和叶芝的诗作。

让我们倾听一下沉思派即失落的诗歌的真正声音吧，这也是强者诗人坦然接受其使命——将一切剩余力量召集到他的麾下——而吹响的号角：

再见了，乐土，
欢乐永在的乐土：为恐怖欢呼，为
地狱世界欢呼：你，最底层的地狱，
迎接新的主人吧：他带来了
不受空间和时间改变的心灵，
这心灵就是它自己的空间；在这里自我
能把地狱变成天堂，把天堂变成地狱。
只要我还是我，在哪里又有什么关系……

对于C.S.刘易斯派或天使派来说，如果我们每天清晨互道早安时还没有忘记对撒旦的憎恨乃是我们立身的根本，那么这些诗句只是贻笑大方的道德痴语。但是，如果我们在伦理学上不是如此复杂的话，那么这些诗句将会深深地打动我们。并不是说撒旦没有错，他当然是犯了错误的。听到他唱出“只要我还是我”时，怎能不令人哀叹悲怆——他已经不能再是原来的他了，而且永远不会再是原来的他。但他是知道这一点的。在自觉必须向欢乐永远诀别时，撒旦采取了英雄的二元论态度。这种二元论构成了弥尔顿之后的几乎一切英语诗的影响的基础。

对弥尔顿来说，失去了乐园，必然引起堕落；而恢复乐园的使命只能由一位“更伟大的人”去完成，而不是靠迄今为止所出现的任何一位诗人。弥尔顿曾经坦率地向德莱顿承认，他自己的“伟大的原作”是斯宾塞。斯宾塞在《仙后》的第六部里让柯林获得了一个“诗人的乐园”。约翰逊和赫兹利特都曾强调：弥尔顿是无法忍受影响的焦虑的，在这一点上他不同于他的后人们。约翰逊坚持认为，在所有从荷马的诗中借用过东西的人中，弥尔顿是负债最少的一位。约翰逊还说：“他是天生的独立思想家，他对自己的能力充满信心，他蔑视在别人那里得到帮助或受到阻碍：他并不否认前人的思想或形象，但是他不去追求这些东西。”赫兹利特在一篇演讲——这篇演讲的听众包括济慈，它影响了济慈后来的“消极能力”（Negative Capability）概念——中，曾经这样评论弥尔顿吸收前人的“积极能力”（Positive Capability）：“在阅读他的作品时，我们感到我们处在一股强大的智力的影响之下，这股力越靠近别人，就越与别人不同。”那么，我们不得不问一下，弥尔顿把斯宾塞视为他的“伟大的原作”是什么含义呢？回答至少应该是这样的：弥尔顿的“再生”世界乃是斯宾塞的传奇世界，并且当他接受一种体现出存在之痛苦的真正的二元论以取代他开始认识到的斯宾塞式的传奇的一元论幻想时，他保留了他的斯宾塞感——作为一种“他者”之感，一种凡是诗人都梦寐以求的对“他性”的梦想。当他告别青年时代的一元论抱负时，弥尔顿可以说已经缔造了我们称为“后启蒙主义”或“浪漫主义”的诗歌——其无法摆脱的主题乃是心灵能战胜普遍之死亡的力量；或借用华兹华斯的话：在多大程度上心灵是主宰一切的主人，而外部感觉仅仅是其意志的仆人。

无论公开表白的是何种信仰，没有任何一位现代诗人是一元论者。现代诗人必然是痛苦的二元论者，因为这种痛苦和贫乏乃是他们的艺术出发点。史蒂文斯一针见血地指出：这是“穷人与死者的深刻的诗歌”。诗歌能够——或许不能够——在一个人身上成功地使诗歌本身获得拯救，只有极端需要想象力的人才能成功地做到这一点，虽然这样的诗歌或许会带来恐怖。这种极端需要是青年诗人或“新人”在阅读另一位诗人时才能获得的，“他”的有害的“伟大性”由于这位新人将其视作黑暗之中熊熊燃烧着的烈火而显得更“伟大”；而不是布莱克笔下的“经验的诗人”眼中的“老虎”，也不是约伯眼里的怪兽利维坦和毕希默斯，或亚哈伯眼里的白鲸，更不是以赛亚看到的遮护天使。因为这些例子中被看到的东西都不过是造物主制造出来的怀有恶意和诱人迷惘的幻象，是一种使每一位新人将要获得的普罗米修斯式的创造性探索感到威胁的光辉。

对于柯林斯，对于库珀，对于许多“情感式诗人”来说，弥尔顿就是布莱克笔下的“老虎”，就是阻挡新人的声音进入“诗人的乐园”的遮护天使。“遮护天使”是本书的象征。在《创世记》里，他是上帝的天使；在《以西结书》中，他是泰尔王子；在布莱克笔下，他是堕落的撒尔墨斯，弥尔顿的幽灵；而在叶芝的笔下，他则是布莱克的幽灵。在本书中，他是拥有许多名称的一个可怜的魔鬼（有多少位强者诗人，他就有多少名称）。不过，我在这儿先不以任何名称称呼他，因为焦虑堵塞着人们的创造性，他们还没有为他最后定名。他是一种使人们成为受害者而不是诗人的东西，是具有演绎性和阴晦的连续性的魔鬼，是一位将作品化为圣经的伪诠释家。他并不能扼杀想象力，因为世界上没有任何力量能够扼杀想象力。何况他怎么说也是虚弱的，更谈不上能扼杀任何东西。遮护天使也许可以伪装成斯芬克司（就像在“感伤”的噩梦中伪装着的弥尔顿的幽灵）。但是斯芬克司（写出了伟大作品的斯芬克司）只能是一个女人（或至少是带着女人味的男人），遮护天使则是男人（或至少是带着男人味的女人）。斯芬克司给人出谜，把人扼杀，最后自己也落得粉身碎骨。但是天使仅仅是遮护而已，他只是看上去在挡路。除了“遮掩”之外，他干不了别的什么。但是，斯芬克司的确是挡在路上的，是必须要搬走的。当任何一位强者诗人开始踏上探索之路时，解开斯芬克司之谜的俄狄浦斯也就附在了他的身上。在诗歌领域里具有极大讽刺意味的是：强者诗人能完成比较伟大的事业，却不能完成比较渺小的事情。他们能够将斯芬克司推到一旁（不这样做，他们就成不了诗人，连一卷诗也写不出来），却无法揭露遮护天使。较为普通的人（有时也包括较弱小的诗人）为了生存（或许谈不上选择“生命的完善”）能充分地揭露遮护天使，但他们要冒着被扼死的风险才能靠近斯芬克司。

因为斯芬克司是自然的，而遮护天使较接近人性。斯芬克司是性欲的焦虑，遮护天使则是创造性的焦虑。在回溯本源的道路上遇到的是斯芬克司，而遮护天使只在朝着可能性（假如不是最终达到目的）的道路上才能遇到。优秀的诗人大踏步地在回头路上迈进——所以他们深深地感到写挽歌的喜悦——但只有少数几位才能放开眼界，敢于幻想。要揭露遮护天使，十分必要的倒不是力量，而是坚持不懈、至死不悔，并且时刻保持清醒。这是因为，阻挡创造性的这位挡路的天使并不像斯芬克司一样随时准备进入“石头般的沉睡”。爱默生认为，诗人以感知自然界的同一性而解开斯芬克司之谜；不然的话，假如他被他根本无望捏合成一体的各种不同的碎片轰倒的话，那他就会在斯芬克司面前屈服。爱默生眼里的斯芬克司乃是自然，是我们“从自然中现身”这一个谜。换句话说，斯芬克司就是心理分析家们所说的“初始情景”（Primal Scene）。然而，对于**作为诗人**的诗人而言，什么是“初始情景”呢？就是他的诗的父辈与缪斯的交媾。那么他是否就是这种交媾的产物呢？不是。那次交媾并没有使他诞生。他只能自我产生，他只能在他的母亲缪斯身上产出他自身。但是，缪斯和斯芬克司或遮护天使一样都怀有恶意，她可能也就是两者中的一位，虽然更经常是斯芬克司。强者诗人并没有生出他自身，他必须等待他的“儿子”，等他来确认自己，就像他自己曾经确认他的父辈诗人一样。“生出”在这儿意味着“篡位”，是遮护天使的辩证工作。在此，当我们将进入我们的悲哀的核心时，我们一定要清楚地观察一下遮护天使。

在《创世记》中，遮护天使遮护的是什么呢？在《创世记》的第3章第24节中写道：“于是（上帝）把他赶出去了。又在伊甸园的东边安设天使和四面转动发火焰的剑，要把守生命树的道路。”在这儿，犹太人的拉比用天使来象征上帝在场的恐怖。对于拉希（Rashi）来说，遮护天使乃是“毁灭的天使”。《以西结书》第28章第14节至第16节为我们描写得更可怕：

> 你是那受命遮护约柜的（根据拉希的说法则为“伸向远方的”）天使。我将你安置在神的圣山上。你在发光如火的宝石中间往来。
>
> 你从受造之日起所行的都完全，直到后来在你身上察出不义。
>
> 因你贸易很多，就被强暴的事充满，以致犯罪，所以我因你亵渎圣地就从神的山驱逐你。遮护天使啊，我要将你从发光如火的宝石中除灭。

这里，上帝在指斥泰尔王子。他是一位天使，因为在犹太神堂里或所罗门的神庙里，天使们张开他们的双翼于方舟之上保护他，就像泰尔王子曾经保护上帝之园——伊甸园——一样。布莱克更是一位猛烈反对遮护天使的预言家。在布莱克眼里，伏尔泰和卢梭是瓦拉（Vala）的遮护天使。瓦拉是自然界的迷人的幻觉之美，而自然主义启蒙运动的预言家们是她的仆人。在布莱克所写的名为《弥尔顿》的“简短的史诗”中，遮护天使站在“真正的人”（同时是弥尔顿、布莱克和洛斯）和光辉（或爱人）之间。在布莱克的《耶路撒冷》一诗中，遮护天使是站在布莱克、洛斯与耶稣之间的挡路者。因此，遮护天使遮护的到底是什么呢？回答是：对于布莱克，是自然本身遮蔽着的一切；对于《以西结书》，是大地的财富——但只是布莱克的矛盾修辞语“似乎是那些财富”中的财富；对于《创世记》，则是伊甸园的东门，是通向生命之树的道路。

遮护天使会不会使人支离破碎呢？不，他没有力量做到这一点。诗的影响不是一种分离力量，而是一种摧残力量——对欲望的摧残。为什么用遮护天使来象征诗的影响呢？这是因为遮护天使象征着后来被笛卡尔称为“广延性”的东西，因此被称为“明夏克”（mimshach）——“广延”。笛卡尔以及他的同伴和门徒们成了浪漫主义传统诗歌幻象的终极敌人，这并非出于偶然，因为笛卡尔的“广延性”乃是现代（而不是圣·保罗式的）二元论的本源，是我们自身与客体之间的一道令人望而生畏的深渊的本源。笛卡尔认为，客体是局部化了的空间；而浪漫主义幻象的讽刺在于，它奋起造笛卡尔的反，但是除了布莱克之外都走得不够远——华兹华斯和弗洛伊德一样，最终还是笛卡尔二元论者。对于他们，现在就是凝结起来的过去，自然就是一个个局部化了的空间的连续体。这种笛卡尔式的时空还原，使我们进一步遭受来自诗的影响的消极面的打击，染上了文学领域里的“流行性感冒”——就像一场焦虑的瘟疫流行。我们在这场“流行性感冒”中被传染上的并非某种以太般的流体的辐射；我们接受的是一种人为的神秘力量通过诗歌而流入的影响，而不是由星体照射到人身而流入的影响。把这种力量称为“神秘”，是因为它看不见，摸不着，感觉不到。把心灵作为“内涵”与外部世界这个“外延”割裂开来，心灵就会感觉到它从来没有感觉到的孤独——它自身的孤独。孤独的沉思者开始否认自己的儿子地位，否认自己的兄弟关系，就像布莱克笔下的乌里森（Urizen）一样。这真是对笛卡尔式“天才”的讽刺：孤独的沉思者竟然就是蒙受影响的焦虑之折磨的强者诗人的原型。假如存在两个分离的世界——一个是广延于空间的巨大的数学机器，另一个则由非广延的思维着的精神构成——那么我们将开始往回走，沿着延入过去的连续体去确定我们的焦虑的位置，而当“他者”被置于过去之中时，我们关于“他者”的幻象将会被放大。

因此遮护天使是一个连续体的恶魔，他那恶毒的魅力可以把现在囚禁在过去之中，将大千世界变成灰色的一统天下。过去与现在的同一是与一切客体的本质同一相一致的。这就是弥尔顿所谓的“死亡的宇宙”，它的存在使得诗歌不能生存。因为诗歌一定要跳跃，它必须在不连续的宇宙里找到它的位置。如果它找不到这个不连续的世界，那它就必须（像布莱克曾经做过的那样）创造出一个这样的宇宙。不连续性就是自由。预言家们和超前的精神分析家们异口同声地赞扬不连续性，在这一点上雪莱和现象学者们是一致的：“预言——真正地预说未来——仍然是那些在完全不受限制的意义上拥有未来的人的天赋。在这里‘未来’的意义是指那些正向我们走来的事物，而不是指过去已发生的事情的结果。”这是J. H. 范登堡在他的《新陈代谢》（*Metabletica*）一书中所说的话。雪莱在《诗辩》（被叶芝正确地评价为英语世界对诗歌的最深刻论述）中以预言家的姿态鼓吹了同样的自由：“诗人是某种尚未被领悟的灵感的祭司长，是未来投射于现在的巨大阴影的镜鉴。”

“他以穷尽一切的论述证明上帝之存在。”这是塞缪尔·贝克特对他自己的诗《析邪教》（*Whoroscope*）中“所以我不是我的儿子”这句笛卡尔式戏剧独白做出的注释。笛卡尔的胜利表现为一种真正意义上的幻想，这对除了他自己的想象力之外的别人的想象力并不一定是友好的。在人们不自觉地为笛卡尔歌功颂德的同时，对笛卡尔式还原的抗议从来没有停歇过。贝克特为数不多的英诗佳作由于文笔纤巧而不可能公开地表示这种抗议，然而这些诗是强烈主张和颂扬不连续性的。

当然，话得说回来，笛卡尔对诗人并不抱有明显的偏见，并不像柏拉图那样将论战矛头直指诗人的权威。在笛卡尔的著作《秘思》（*Private Thoughts*）里，他甚至写道：“这一点似乎显得奇怪：有分量的意见往往在诗人的作品里，而不是在哲学家的作品里发现。其原因是，诗人通过激情和想象写作。我们身上带着知识的种子，就像燧石里包含着火种；哲学家用理性把它提炼出来，诗人则以想象将它敲击出来——敲击出来的火星当然迸发出更加明亮的光辉。”然而笛卡尔的神话或意识深渊从燧石中取走了火，然后用唯心主义或唯物主义——两者都是诗歌的对立面——把诗人禁锢在被布莱克斥为“伪装着的虚构”里。哲学在自我洗涤过程中已经把这种伟大的二元论冲刷掉了。但是从弥尔顿直到叶芝和史蒂文斯，这一条巨人线索只拥有他们自己的传统，那就是“诗的影响”。诗的影响告诉他们：“唯心主义和唯物主义都是在回答一个不恰当的问题。”叶芝和史蒂文斯跟笛卡尔（或华兹华斯）一样，都努力试图用心灵——而不仅是用肉眼——来看。而真正的反笛卡尔主义者布莱克发现，这种努力也只不过是“伪装着的虚构”。他将笛卡尔的涡动说与机械论者的涡动理论做对比，从而嘲讽了笛卡尔的折光学。我们今天已承认机械论者有其拼死顽抗的高贵劲儿，而笛卡尔希望用他的“广延性”神话来拯救这些现象。一个物体具有一定的形状，在一定的范围里活动，并在这个范围里分裂繁衍，且在严格限制的变化范围里保持同一性。这就构成了**给予**诗人的世界或感觉的多重体。正是从这个多重体，华兹华斯的幻象才得以开始，从这个限制范围上升到进一步还原的强化的狂喜状态——华兹华斯将这种状态称为“想象”。《丁登寺》一诗里的那个感觉多重体一开始是比较孤独和分散的，慢慢地才化作一个流动的连续体。在这个连续体里，事物的棱角——固定性和确定性——逐渐淡出为一种“更高级的”领悟。布莱克对华兹华斯主义的抗议——这种抗议由于布莱克对华兹华斯的诗歌的赞扬而增添了分量——就是基于他对这种强化的幻想（是狂喜又是还原）的恐惧。根据笛卡尔的涡动理论，一切运动都必须是圆周的（因为不存在物质可能穿越的真空），一切物质都必须能够被进一步还原（因此也不存在原子）。这在布莱克看来简直是撒旦磨坊的转动，徒劳地磨呀磨，妄图完成那不可能完成的使命——把**微小的特殊体**继续还原，而这些不可分的**幻象原子**无法更进一步地细分。根据布莱克的涡动理论，圆周运动本身就是一个自相矛盾体。当诗人站在他自身的旋涡的最高点时，笛卡尔—牛顿学说的圆周化作了一片幻象的平原，上面屹立着一个个具体的事物，每一个都只是它自身，而不是他物。布莱克并不希望拯救现象，就像他不情愿参加那些力图“保全面子”的人提出的长期规划一样，这里的“保全面子”的意义已由欧文·巴菲尔德（Owen Barfield）追溯过（用弥尔顿的原话）。布莱克是一位提出诗的影响的救赎性的理论家，或者说是一位研究诗的影响的修正性的理论家，是一位研究把遮护天使抛入发光如火的宝石中去的冲动的理论家。

法国的幻象家们因为太接近笛卡尔的魔力，太接近笛卡尔的塞壬女妖，而一直在遵循着另外一种精神工作，以一种高尚而严肃的气质——启示录式的反讽——在工作，这最集中地反映在雅里（Jarry）和他的弟子们的作品里。对诗的影响的研究必然是“超物理学”（Pataphysics）

的一支，必然会乐于承认曾经受惠于“……那**唯一**的科学，想象中的解决方法的科学”。当布莱克的洛斯在笛卡尔主义大师乌里森的影响下一跤跌进我们的“创世—堕落”时，他就**调换了方向**。这一情节是对卢克莱修的“克里纳门”现象的滑稽模仿，是从“听天由命”向“微小的任性”的一点点变化；它在最终的讽刺意义上乃是乌里森式创世的全部个性，也是笛卡尔幻象的全部个性。“克里纳门”或“转向”——相当于乌里森所谓的柏拉图式的造物者在再度创世时不幸犯下的错误——必然是诗的影响理论之核心的真正起作用的概念。因为把一个诗人同他的父辈分离开的（且由于分离而将他拯救的）乃是创造性修正之一例。我们必须明白，“克里纳门”总是来自一种超物理学意义上的任意性。诗人给前驱诗人定下这样一个位置，然后从前驱的诗的位置上偏转方向，使得幻象中的客体以较大的强度淡入连续体中。对于前驱诗歌中的复杂多样性，诗人感受到一种令人惧怕得发抖的任意性——一切客体的平等性和同等的偶发性。这种感觉是**不可还原**的，因为重新见到的是被赋予了幻象形状的连续体——给前驱诗人定以各种位置的语境。这个连续体面对着各个关键性客体的强烈性，后者然后又淡入这一连续体中。这种“淡入”的方式同华兹华斯所谓的“淡入”普通日子的阳光里的“淡入”恰恰相反。“超物理学”这个字眼儿确实非常准确。在诗人的国度，一切规律性实质上都是“有规律性的例外”；而幻象的**反复出现**本身就是制约例外的一种规律。如果每一个幻象行为都决定了某一条特殊规律，则“诗的影响”这一光辉而可怕的悖论就有了坚实的基础。新诗人**本身**决定了前驱的**特殊**规律。假如因为这一缘故而来的创造性的解释必须是一种误释，那么我们就必须接受这种表面上的荒谬。这种荒谬乃是最高形式的荒谬，是雅里的启示录式的荒谬，是布莱克竟毕生事业而成就的荒谬。

于是，让我们进行一次辩证的飞跃吧：绝大多数所谓的对诗的“精确的”解释实际上比谬误还要糟糕。也许只存在或多或少具有创造性或趣味性的误读。理由很简单：每一次阅读难道不都是一次“克里纳门”吗？为此，难道我们还不应该本着这种态度回归基本点这一层次对诗歌进行一番再研究吗？诗没有来源，没有一首诗仅仅是另一首诗的应和。写诗的是人，而不是无名无姓的“光辉”。诗人能力越强，他的怨恨就越强，他的“克里纳门”也就越没有顾忌。但是，作为读者，我们要花什么样的代价才能放弃我们自己的“克里纳门”呢？

我要提出的并不是另一种新的诗学，而是一种全然不同的实用诗评。让我们放弃那种企图把一首孤立的诗当作一个自在实体去“理解”的徒劳吧。让我们开始这种追求吧：学会把每一首诗都看作诗人——作为诗人的诗人——对另一首前驱诗或对诗歌整体做出的有意的误释。读懂每一首诗里的“克里纳门”，这样你“知道”这首诗的方法就不再使你在得到知识的同时却没有领会诗的内在力量。我是本着佩特驳斥柯勒律治著名的“有机类比”说这番话的。佩特认为柯勒律治（无论多么无意识）忽视了诗人创造诗篇时做出的努力和经受的痛苦，忽略了至少是部分地忽略了因对影响的焦虑而产生的悲伤——与诗的意义不可割裂的悲伤。

博尔赫斯在评论帕斯卡对其“可怕的星球”的那种崇高而令人怅怖的感觉时，曾经把帕斯卡和布鲁诺做过对比——后者在1584年还能对哥白尼的重大突破做出欣喜若狂的反应。70年后，衰退开始了——在布鲁诺只看到人们为思想进展而欣喜的地方，邓恩、弥尔顿和格伦维尔看到了衰退。对此，博尔赫斯做出如下总结：“那个丧失了精神的世纪，曾经给卢克莱修以灵感写下六音步诗的绝对空间，曾经对于布鲁诺意味着解放的绝对空间，现在变成了帕斯卡的迷宫和地狱。”博尔赫斯并没有为这一变化而哀叹，因为帕斯卡同样达到了**崇高**。但是，强者诗人并不像帕斯卡。强者诗人并不是为了接受悲哀而生存，他们不会满足于付出如此高昂的代价去追求**崇高**。和卢克莱修本人一样，他们抉择“克里纳门”作为自由。卢克莱修如是说：

> 当原子以其自身的重量笔直地掉下空旷的太空时，在完全不确定的时间和地点，它们从轨道上稍稍转向——仅仅足以使人们把它称作“方向的改变”。倘若没有这一点转向，万物就会像雨点一样穿过太空的深渊而笔直下降。什么碰撞也不会发生，任何一个原子

> 对另一个原子的冲击影响也不会被创造。那样，自然将不会创造出任何事物……
>
> 但是，人的心灵并不具有决定其每一个行动并迫使其忍受无可奈何的被动的内在必然性——这一事实本身即是因为原子在无法确定的时间或地点已经稍微转变了方向。

仔细推敲一下卢克莱修的“克里纳门”，我们就能理解“诗的影响”的终极反讽：转了整整一圈又回到我们的出发点。这一强者诗人和**诗人之父**之间的“克里纳门”是迟来者诗人以全部身心去完成的。一部现代诗歌的真实历史就是这些修正式转向的准确记载。对于纯粹的超物理学者而言，这种转向是奇妙的自发行动。不管怎么说，雅里还能把“激情”看作一种爬坡的自行车比赛。“诗的影响”的研究者不得不是一个不纯粹的超物理学者。他必须理解，“克里纳门”必须永远被视为仿佛同时具有“有意的”和“无意的”属性的一种行为——**既是**每个诗人的“精神形态”，**又是**每个诗人的堕落的躯体在掉在地狱深渊的实地上时自发地做出的姿态。用布莱克的话说，诗的影响乃是个人在各种状态中的穿越。但是，这种穿越如果不是一种转向的话，那就成了一种有害的穿越。强者诗人一定会这样说：“我似乎已经停止堕落了，现在我**已经堕落**了，因此，我正躺在**地狱**里。”但当他说这句话时，心里却在想：“在我堕落的时候，我转了一下方向，因此，我现在躺在一个因我自己的行为而改善了的**地狱**中。”

第二章 “苔瑟拉”或续完和对偶

在天才的每一篇作品里，我们都能认出被我们自己抛弃了的思想——它们带着某种异化了的庄严回到我们面前。

——爱默生

1951年10月，当我还在耶鲁大学攻读研究生时，我第一次读到尼采的《历史对于人生的利弊》。我当时就感到这是一篇惩戒性的文章。今天重温这篇论文，我更感到其尖锐的惩戒性：

最令人震惊的作品可以被创造出来；成群的历史中立者总是各就其位，准备用长长的望远镜来研究作者。反响立即就可以听到——但总是采取“批评”的形式，虽然批评家本人在前一刻还根本梦想不到这部作品的可能性。它从来没有产生一种影响，得到的只是一种批评；且批评本身也不能产生影响，它只能培育出另一种批评。于是，我们把拥有许多批评家的事实当作失败的标志。实际上，即使面对这样的“影响”，一切还都保持着老样子：人们对一个新事物略略谈论一下，接着就谈论起别的什么新事物了；而与此同时，他们照旧在干着他们成年累月在干的事情。我们的批评家接受的历史训练使得他们不可能具有真正意义上的影响——对生活和行动的影响。

从来就不需要一个尼采来奚落批评。我第一次读到这篇文章时，里面包含的讽刺意味并没有使我感到不安；今天重温这篇文章，我仍然没有不安之感。但是，文章中对批评的“影响”所下的隐含的定义必然时时刻刻成为批评家们的思想包袱。和爱默生一样，尼采是“焦虑是影响”这一信条的伟大的否定者之一——就像约翰逊和柯勒律治是这一信条的伟大的肯定者，就像 W. J. 贝特是（继约翰逊和柯勒律治之后）研究这一信条的最重要的现代学者。但是，我感觉我本人对“影响的焦虑”的理解要归功于尼采和爱默生（他们似乎并没有感受到这种焦虑），而不是约翰逊和柯勒律治以及值得尊敬的约翰逊和柯勒律治的研究者贝特。正如他本人向来坚持的那样，就其奇怪而乐观地拒绝把诗的过去看作对新的创作的主要绊脚石而言，尼采乃是歌德的继承人。歌德跟弥尔顿一样，其在吸收前驱时的热忱已经明显地排除了焦虑。尼采得益于歌德和叔本华之多就如爱默生得益于华兹华斯和柯勒律治。但是，尼采和爱默生一样，并没有感受到被前人阴影笼罩而使自己失去光辉的恐惧。对尼采而言，“影响”意味着活力的增补。但是，影响——更精确地说是“诗的影响”——从启蒙运动至今一直是一种灾难，而不是福音。如果它在哪里给了人们以活力，那它实际上就是以一种“误读”，以一种故意的甚至反常的修正在起作用。

尼采在《偶像的黄昏》里阐述了他对天才的看法：

> 伟大的人，就像伟大的时代，是蕴藏着巨大力量的炸药。无论从历史还是生理学角度看，它们的前提条件总是：长期以来它们已经集结、积聚和储存了巨大的力量——并且，已有很长时间没有发生过爆炸了。一旦这一堆物质中的紧张状态超过了极限，那么最偶然的刺激都足以将“天才”，将“业绩”，将伟大的命运召唤入世。然则，环境、时代、“时代精神”或“舆论”还有什么要紧呢？

天才是**强者**，他的时代是**弱者**。他的力量使得步其后尘者——而不是他自己——筋疲力尽。他**淹没**了他们，反过来——尼采坚持这样认为——他们却错误地理解了他们的施惠者（虽然根据尼采的描述，我不禁想说，他是他们的“灾星”而不是“恩人”)。

歌德——可被视为尼采的祖父，就像叔本华可以被看作尼采的父亲——在《色彩理论》中曾经说：“即使是完美的榜样也总会产生干扰的影响，因为它使我们在‘成长’的道路上跳过了若干必要的阶段，其结果是（对大多数而言）我们被引导得远离目标，陷入无穷无尽的谬误。”但是在别的地方，歌德曾经坚持认为，榜样不管怎么说也只是自我的一面镜子：“以其本身而被人爱——那是一种最伟大的例外。对于绝大多数人来说，当他们爱某一个人时，其实他们爱的只是他们借给这个人的——他们自己的自我，他们版的他。”我们只需记得，歌德是相信被他以美丽的反讽称为“反复出现的青春期”的，或者用他比较温和一些的措辞说：“个人必须再一次地被毁灭。”我们有时禁不住要问：那要毁灭多少次呢？因为我们也迷惘于歌德所强调的被每一次可能的灭顶旋涡影响的理论：“从我们意识到它的时候起，每一个伟大的事物就在塑造我们了。”这条定义对大多数诗人（和大多数人）来说，其后果是可怕的。但是，歌德在其自传中却能写出如下这段文字，启蒙运动后英国人中只有弥尔顿，美国人中只有爱默生才可能赞同这样的话。也就是说，只有相信自己完全不可能患上创造性焦虑的诗人才能说出这样的话：

> 毫无疑问，这种对我们自身的过分关注（这种既损害我们又给我们以裨益的东西），确实是一种枯燥无味而有时还令人惆怅的事情。但是，一方面考虑到人性中不吉利的癖性，另一方面又考虑到生命和享乐的无限多样的形式，那么，人类至今还没有毁灭自身，这可真是一个奇迹了。人类的本性一定被赋予了某种特别的坚忍不拔和多才多艺的特征。这才使人类克服了他所接触的或吸收的一切，或者——如果某些事物无法吸收——至少也使它无法为害。

这里所说的与其说是人类的天性，倒不如说是歌德的天性。尼采说过：“每一种才能只有在斗争中才能展现自身。”所以，尼采眼中的歌德是一位朝着“完整性”奋进的斗士，甚至连康德的理论都违反了。当然，尼采毕竟只把歌德看成对“人性”的又一次克服：“他将自己磨炼成正果，他**创造了**他自己。”我们应该如何理解这个论断呢？首先，它的坚实基础是歌德令人惊叹的自信。歌德说，难道一位诗人的所有前驱和同时代人的成就不应该属于他吗？当他发现前方有花朵时为什么要畏葸不前而不去采撷呢？只有把他人的财富拿来为我所用，我们才可能创造出一点伟大的成就来。我们也可引用他对艾克曼（Eckermann）讲过的更激烈的言辞：“人们总是谈论独创性，但独创性到底是什么东西呢？从我们呱呱坠地时起，世界就开始对我们施加影响，这影响一直持续到我们生命的终止。试问，除了精力、魄力和意志外，还有什么可被称作我们自身的东西！”读着这一段文字，我禁不住要喃喃低应：你所谓“除了”的正是不折不扣的“诗人的一切”，因为“影响的焦虑”不就关涉精力、魄力和意志吗？但这些东西是诗人自身的呢，还是从他人、从前驱身上放射出来的呢？托马斯·曼是“影响的焦虑”的大受害者，也是关于“诗的影响”的大理论家之一；而他经受的焦虑由于歌德从来没有经受过这种焦虑而倍加刺痛。这一点连托马斯·曼自己也意识到了。在探讨歌德身上是否存在这种焦虑的征兆时，曼举出《西东合集》（*WestöstlicherDiwan*）中唯一的一个问句：“当别人也活着时，你还活着吗？”这一问题给曼带来的烦恼远甚于歌德。《浮士德博士》里健谈的音乐赞助人赫尔·沙尔·弗台尔伯格向莱浮肯道出了全书的烦恼：“你坚持说人与人不一样，无法相比较，你赞赏傲慢的个人独特性——也许你也只能这样做。‘当别人也活着时，你还活着吗？’”曼在论述《浮士德博士》的起源时承认：当他正在构思他心目中的杰作时，他接触到了黑塞写的《玻璃球游戏》（*Glasperlenspiel*），这本书给他带来了焦虑。他在日记中写道：“当被提醒你在世界上并非孤独时——总是令人不愉快的。”他又说：“这以另一种方式提出了歌德的问题——当别人也活着时，我们还活着吗？”读者也许会对这种追求“伟大”的虚荣心感到好笑，也许会轻轻地说：“我们魔术师并不是亲密无间的。”但是——曼知道得很清楚——问题是相当深奥的啊！在他那篇名为《弗洛伊德和未来》的论文里，曼的观点很接近尼采的那篇关于正确使用历史的隐晦的论文（曼后来为了写《浮士德博士》一书又重读了尼采此文）。曼写道："古人的自我及其对自身的意识和我们是不同的，其排他性较弱，界线也不那么鲜明。"在神秘的认同的意义上，生活可以说是"模仿"，也能够借助原始同一性的复活而找到"自我意识和神化"。遵循着（他自己认为）弗洛伊德的精神，抬出歌德的模范的一生，又暗示自己"模仿"歌德的模式——曼为我们创造出了一个20世纪版的克服"影响的焦虑"的尼采。我从曼的论文中摘引了如下整整一段——因为我觉得它代表着20世纪对待"影响的焦虑"的一种独特的态度：

> 幼稚症，换句话说就是：倒退到童年。在我们的生活里，这种真正的心理分析因素起着多么大的作用！在塑造一个人的人生中，它做出了多么大的贡献。它以我刚才描述过的方式在起着作用：以一种神秘的认同作用——以"生存"，以走前人的老路的方式。与父亲的联系，对父亲的模仿，扮演父亲的游戏，以及向更高更成熟的"父亲替代者"之图像的移转——这些幼稚症状对一个人的生活之塑造起了多大的作用，在一个人生活中打下的标记是多么深！我用了"塑造"（Shape）这个词，因为我确确实实感到，在我们所谓的教育——塑造人生（Building）——中，最愉快也最令人高兴的因素就是这种钦羡和爱的强大影响，就是这种对从很深厚密切的相同性中抽出的父亲形象的幼稚的认同。艺术家是更突出的、热情洋溢的、幼稚的、一心只想演戏的人。他能够告诉我们这种幼稚的模仿对他的人生产生了多么神秘但终究是明显的效果。他创造性活动的生涯说到底，往往也只是一个主人公在完全不同的时间和个人条件下的复活，而且这种复活的方式也完全不同——不妨称之为幼稚的方式。模仿者歌德在经历了维特和威廉·迈斯特阶段以及《浮士德》和《西东合集》的老年阶段之后，仍然能形成和神秘地塑造一个艺术家的生涯——塑造出一个微笑的、孩子气的、具有深刻认识的艺术生涯。这种过程是在无意识中完成的，是在游戏中完成的，也就是以艺术家的方式完成的。

新人和前驱关系的每一个起作用的方面在这节文字中都已经包含无遗，但是没有写进那最重要的一点——那无法回避的忧郁，使"误读"

成为不可避免的焦虑。曼对歌德的“方向转变”乃是深刻而反讽式地否认任何“方向转变”的必然性。他对歌德的误释是不折不扣地为了将他本人的滑稽模仿的天才和他独有的可爱的反讽读进他的前驱。在他塑造“教育”——他的《约瑟夫和他的兄弟们》——的伟大努力中，他给我们留下了难忘的塔玛尔（Tamar）的形象。塔玛尔为了一种理想而爱上犹大，并且为了追求这一理想而将她的儿子杀死在腹中。曼写道：“这是第一次出现的一种新的爱情基础。从思想而不是从肉体而来的爱。人们不妨将这种爱称为超凡的爱。”塔玛尔在故事里出现得较晚，却非常自信能够占据故事的中心位置，能够迫使这个故事就范于她。曼也许只部分地体会到（虽然他是一个伟大的冷嘲讽刺家）在某种意义上塔玛尔代表着他本人——代表着每一个强烈地感到时间之不公平的作家（因为时间没有给他以任何优先权）。在曼笔下，塔玛尔本能地懂得，一次结合的意义仅仅在于另外一次结合，就像曼同样也懂得，记不住另外一部小说的人是写不出小说的。尼采坚持认为：“健忘是一切行动的属性。”他接着又引用了歌德的警句：行动的人是没有良知的。为此，尼采敢于接下来说：一个行动的人，一个真正的诗人，“也是没有知识的——他忘掉了大多数的事情，以便做好一件事。他对他之前的事物持不公平的态度，他只承认一条法则——未来事物的法则”。我必须坚持指出：世界上没有比尼采的这条主张——一位极度害怕讽刺的诗人的主张——更为高尚且自欺地虚伪。这种讽刺出现在那篇论历史的文章中的一段既辛辣又可怕的文字里。在这段文字里，尼采猛烈地抨击了黑格尔的历史哲学：

> 认为一个人是世界上的迟来者的信念无论如何总是有害的，是令人沮丧的。但是，当命运的车轮转过整整一圈，当这种信念把我们的迟来者拔高到过去一切创造活动的真正意义和目标的神圣位置上时，它一定会显得可怕而且具有很大的破坏力。而这个迟来者意识到的痛苦则被树立为世界历史之完美。

且不要去管尼采的这一嘲讽是针对黑格尔的，而它的真正目标乃是尼采自己心中的“影响的焦虑”。利希滕贝格巧妙地告诉我们：“我相信一个人不仅仅喜爱体现在他人身上的自己，他也厌恶他人身上的自己。”对影响持否定态度的伟人们——德国的歌德、尼采和曼，美国的爱默生和梭罗，英国的布莱克和劳伦斯，法国的帕斯卡、卢梭和雨果，这些占据着中心地位的人物本身就是滋生“影响的焦虑”的广阔的田野，正如对“影响的焦虑”持肯定态度的伟人们一样——从英国的塞缪尔·约翰逊一直到柯勒律治和罗斯金，以及上述四国的最近几代的强者诗人们。

蒙田要求我们在自身的内部做探索，学会理解“我们个人的愿望的产生和滋养在很大程度上是以他人为代价的”。蒙田是一位甚至比约翰逊还要伟大的“诗的影响”的现实主义者——至少在弗洛伊德出现之前是如此。蒙田（遵循亚里士多德）告诉我们：荷马是第一位也是最后一位诗人。有时候，人们在读帕斯卡的著作时会感到他很害怕蒙田既是第一位又是最后一位真正的道德家。帕斯卡气急败坏地叫嚷：“我是在我自身而不是在蒙田身上发现了我在他身上见到的一切的。”要是我们查阅一下一部好版本的帕斯卡文集，我们就会觉得这句话很可笑。研究一下其中连篇累牍的“平行章节”，我们就会发现，引用他人材料之广泛简直到了“剽窃”的地步。帕斯卡身穿前驱蒙田的外衣而企图反驳蒙田，很像马修·阿诺德在嘲笑济慈的同时写下了《吉卜赛学者》（*TheScholar of Gipsy*）和《酒神杖》（*Thyrsis*）——无论其用词、语气还是激发感官美的节奏都来自济慈那些伟大的颂诗。

克尔恺郭尔在《恐惧和战栗》中以庄严而荒诞的启示录式自信宣称：“愿意工作的人将生下他自己的父亲。”我认为，尼采的格言式表述——“当一个人缺少好的父亲时，就必须创造出一个来”——并不比前面那句话更有道理。我们——不管你是不是诗人——都深受“影响的焦虑”之害。我们一定要在它的根源里找到我们自身的位置，在弗洛伊德以其辉煌而气急败坏的智慧称为“家庭罗曼史”的致命泥淖中找到自己的位置。但是，在我们踏上这块不祥而又迷人的领地前，我想先停下来研究一下“焦虑”这个概念，以取得读者必要的承认。

在为“焦虑”下定义时，弗洛伊德谈到过“某事之前的焦虑”（angst

vor etwas)。某事之**前**的焦虑，很显然，是一种期待，譬如欲望。我们可以说，焦虑和欲望构成了新人——或刚刚起步的诗人——的二律背反。“影响的焦虑”是期待自己**被淹没**时产生的焦虑。拉康认为，欲望只不过是一种转喻，而欲望的对立面——期待的焦虑——也可能仅仅是一种转喻。像惧怕洪水一样惧怕前驱的新人实际上把某一重要的部分当作了整体，而这个“整体”乃是构成其创造性焦虑的一切，是每一个诗人内心的幽灵似的阻塞剂。尽管如此，这种转喻仍是难以回避的。一个好的读者也许会被欲望淹死；但是，一个诗人假如被淹死了，那他就会沦为**一个单纯的读者**。

在我们这个时代，缺乏自我判断力的对焦虑的描述变得越来越有市场了，深受消费者欢迎。在我看来，20 世纪只有一种对焦虑的分析使古典道德家和浪漫主义思辨家留下的遗产增加了一些价值——这无疑是弗洛伊德的贡献。弗洛伊德提醒我们：焦虑是某种可以感觉得到的东西；但是，那是一种不同于悲伤、哀痛或单纯的精神紧张的不愉快状态。弗洛伊德认为，焦虑乃是不愉快状态加上通过固定通道而来的对外输出或宣泄现象。这种宣泄现象减轻了构成焦虑基础的“兴奋的亢进”。首要的兴奋亢进也许是“出生创伤”，这本身就是对我们的第一次危险处境的反应。弗洛伊德使用了“危险”这个字眼来提醒我们注意普遍感觉到的对被统治的恐惧心理。他提醒我们：大自然正用我们的躯体像牢笼一样把我们禁锢着，我们正处于某种重压之下。虽然弗洛伊德反驳了“出生创伤”缺乏生物学依据的观点（兰克的主张），但他还是为他称为“婴儿具有的某种先天的焦虑倾向”而不安。与母亲的分离——类似后来对阉割的焦虑——引起了一种因为满足不了“需要”而产生的增压。在这里，“需要”对于自卫机制是异常重要的。因此，“分离”的焦虑乃是一种对“被排斥”的焦虑，很快就会跟对“死亡”的焦虑汇成一体，亦即跟“自我”对“超我”的恐惧汇成一体。这一分析使弗洛伊德接近了他对强迫性神经官能症所下的定义——对“超我”的恐惧，也使我们更有信心去探索同样是强制性的诗人的忧郁症——对影响的焦虑。

当一位诗人经历了到达诗人地位的成长过程后，他对任何可能会结束其诗人地位的危险都将感到焦虑。对影响的焦虑是非常可怕的，因为它是一种分离的焦虑，同时又是一种强迫性神经官能症的开始。这种神经官能症也可以称为对人格化的超我——死亡——的恐惧。同样，我们可以揣测，诗歌可以被看作一台电机，正在对“影响的焦虑”的亢进释注能量。批评家们经常告诉我们：诗歌一定要给人以快感。然而，无论怎样强调坚持整个诗歌传统，特别是浪漫主义的诗歌传统，诗歌都并非源于“快感”，而是源于危险处境中的“不愉快”。这种危险处境是一种焦虑的处境，其中“影响的焦虑”占据了很大部分。

有什么能够证明这种人的诞生与诗的诞生的相似性的激进类比呢？有什么可以证明这种生物学的焦虑和创作上的焦虑的类比呢？要做出关于这种激进类比的合理性的论证，我们必须进入隐蔽的超凡脱俗的领域中，去领略原始的忧愁——在那里，艺术诞生于萨满术士式的迷醉状态，诞生于我们人类对死亡的永恒的悲忧和恐惧。由于我的兴趣是一个求实的批评家的兴趣，我的目的在于寻求一种更新鲜且更加切实可行的阅读方法，因此我感到这种追根溯源的研究是不可避免的——尽管是枯燥无味的。使得互相竞争的诗篇既联系在一起又彼此分开的，乃是一种对偶式关系，这种关系首先来自诗歌中的原生因素。但遗憾的是，这种原生因素乃是预言能力，也就是竭尽全力向自己预报危险的能力，不管这种危险来自自然、来自神祇、来自他人还是确确实实地来自“自我”本身。我必须加上一句：对一位**诗人身上**的诗人来说，这些危险也来自其他的诗篇。

关于诗歌的起源，可谓众说纷纭。其中，最使我信服而又最使我厌恶的是维柯的学说。当然，我厌恶它是因为我醉心于浪漫主义的预言式的人文主义。不过我只能将这种厌恶放在一边。然而，令人惊奇的是，爱默生这位浪漫主义预言式人文主义的美国始祖在论及诗歌起源时也持维柯式的态度。这对我不啻一种鼓舞。奥尔巴赫（Auerbach）说过：对于维柯来说，不存在没有创造性的知识。奥尔巴赫把维柯笔下的原始人描绘成诱人的“初始的孤独的游牧民，生活在洪荒的乱交时代，生活在神秘的——而且正因为其神秘，所以也是可怖的——一片混沌之中。

他们不具备推理的能力，他们有的只是文明人难以想象出的异常强大的感觉力和想象力”。为了治理他们自己的生活，维柯笔下的原始人创造了一套有宗教仪式性的魔术，这就是维柯所谓的“严峻的诗篇”。这些原始人——这些想象力的巨人——就是诗人，他们在仪式中表现出的智慧就是我们仍在孜孜以求的“诗性的智慧”。但是，（虽然维柯对此并不感到焦虑）这种智慧——这种魔术般的形式主义——必然是残酷的，是利己主义的。创造出诗歌的巨人的形象乃是与人类学中的方士、巫师和萨满术士相对应的人物，他们的职业就是生存下去以及教会他人如何生存。对维柯来说，诗性智慧是建立在预言力的基础上的，而“歌唱”的本义从词源角度上说也就是预言。诗性的思维是预期叙述式的思维，在“记忆”的名义下招来的缪斯是受请求来帮助诗人记住“未来”的。萨满术士们在他们那可怕的整个入教仪式里返回到原始的混沌状态。他们的目的是追求创新的可能性。但是，在非原始社会状态下，这种返回混沌的情况是非常罕见的。从古希腊的俄耳甫斯神秘教一直到当代的诗人，他们都生活在耻文化中。在这种耻文化里，维柯所说的诗性智慧的巫术形式主义必然是无法接受的。恩培多克勒也许是历史上最后一位直接承认预言力的诗人，换句话说，他通过卓有成效地实施预言术把自己修炼成了一位神祇。跟他的这种自我标榜相比较，但丁、弥尔顿和歌德这样的强者诗人似乎已经被“影响的焦虑”折磨得筋疲力尽了，虽然当我们把他们跟主要的浪漫主义诗人和现代派们相比，他们又奇迹般地显得似乎已经摆脱了“影响的焦虑”。

库提乌斯（Curtius）在其著名的关于缪斯的描写中，认为她无论在历史的贬值、替代还是连贯性诸方面都是一个令人困惑的难题，而且发现她的意义——即使对古希腊人——也是“模糊的”。但是，维柯却非常准确地指出了缪斯对他的“诗性”这一概念所起的作用：

> 把诗人称作“预言神性”（divine），无论从这个词的词源意义“预见者”（diviner）或“预卜”还是从“预言”的意义上看，均是正确的。诗人的学问被称为“缪斯”；荷马把“缪斯”定义为关于善和恶的知识，也就是预言能力……由此可见，缪斯一开始应该是

> 一门根据前兆而进行预言的学问……主管天文学的缪斯神尤莱尼亚的姓名源出“ouranos”一词，意思是“天国”，因此，尤莱尼亚的意思也就是“研究上天的女人”，收集预兆……她和其他缪斯都被认为是天王朱庇特的女儿（因为宗教产生了所有的人文艺术；其中，阿波罗被认为是主要掌管预言的神，因此是一个神祇领袖）。她们的“歌唱”（sing）是拉丁文动词“camere”和“cantare”意义上的“歌唱”，即“预言”。

我承认这些话（我从维柯的几段文字中摘录出并汇集而成）对研究任何诗人和诗歌都有着不吉的含义。诗人由于焦虑而要求缪斯来帮助做出预言：预言也尽量地延缓诗人自身的死亡——作为一个诗人的死亡，以及（也许是第二位的）作为一个人的死亡。不论是什么样的耻文化，生活在其中的诗人都无法把自己引入一个新鲜的混沌世界。他被迫承认自己在创世方面已经失去了优先权。换句话说，他必须同时承认自己在预言力方面也遭到了失败，这是能够预示最终灭亡的许多细小的死亡中的第一次。他的话不再纯粹是他一个人说的话，他的缪斯在他之前已经和不少人勾搭过了。在诗歌的历史中，他是迟来者，他的缪斯却一直占据着中心地位。他完全有理由认为，他即将遭到的灾难只是他的缪斯悲伤连祷文中的又一个章节罢了。他对她的一片忠诚算得了什么？他迷恋她的时间越长，他就越显得渺小——显得似乎只能用筋疲力尽的努力证明自己是一位男子汉。诗人感到自己是出于对预言力的渴望才爱上了缪斯，而且这种爱将能保证他有充分的时间来满足他对预言力的渴望。然而，他的这种唯一的心愿只是一片乡愁——向往获得一个和他的精神一样大的归宿而已。所以，他根本就不爱缪斯。布莱克在《思想旅行家》（*The Mental Traveller*）里为我们描写了诗人和缪斯的互爱到底是怎么一回事。再进一步：诗人那真实的乡愁在这种爱中占据什么样的地位呢？他的错误在于去追求潜在的双亲意识——缪斯从来就不是他的母亲，前驱诗人也不是他的父亲。他的母亲是他关于自己的“升华”的想象中的精神或概念，他父亲的诞生则要等到他本人找到他自己的主要的新人。这位新人将会逆序地通过缪斯生下他，那时候——只有那时候——缪斯才最终成了他的母亲。这中间可说是重重叠叠的幻想——就像济慈的缪斯蒙尼塔（Moneta）使他确信：地球上本来不应该有这些苦难，不该有这种由家庭罗曼史强加于诗歌传统的折磨。但是，这些负担照样存在。尼采是活力论（vitalism）的预言者，他对滥用历史痛恨之极。他走的第一步就是大声疾呼：“我不是要求你在‘植物’和‘鬼魂’中间做出一个选择吗?”每一位强者诗人都回答：“我一定要既当植物又当鬼魂。”

也许我们现在可以归纳一下：年轻诗人爱上的是缪斯身上的他的自身，他害怕的是缪斯会讨厌他身上的缪斯的自身。新人无法知道他乃是笛卡尔的**广延性**的一个病人，一个惊恐地发觉自己处于无可救药的连续性中的年轻人。有朝一日等他成为一位强者诗人时，他就懂得了这种进退两难的境地，他就会寻求将他的前驱的诗作修改得一塌糊涂——成为迟来者诗人的作品，以此来驱除由于忘恩负义而必然产生的耻心理；最后再将这样一种结果和前驱者的形象混淆起来。

弗洛伊德明确区分了家庭罗曼史的两个后期阶段：在其中一个阶段，孩子相信他自己是一个被暗中偷换后留下的丑孩子；在另一个阶段，他则相信他的母亲有许多替代他父亲的情人。在这里，一个个幻想之间的思想运动暗示着还原：源于更高级的概念和受挫的命运让位于性欲退化的意象。布莱克坚持认为“蒂扎”（Tirzah）或“必然性”仅仅是他的可朽部分的母亲。他从这一点出发找到了一种明察秋毫的辩证法，从而摆脱了家庭罗曼史的干扰。但是，当大多数诗人——与大多数的普通人一样——努力以最有利于他们的方法去肯定他们与前驱和缪斯的关系时，他们总要忍受这种或那种形式的家庭罗曼史的折磨。强者诗人——像黑格尔式的伟人——既是诗史上的英雄，又深受诗史之害。随着历史的推进，这种受害情况亦日趋严重，因为当诗歌最具有抒情风格，最具有主观性并直接从人的个性中迸发出来的时候，“影响的焦虑”亦达到最强烈的程度。根据黑格尔的观点，一首诗只是某一种宗教意识的前奏；而在一首高级的抒情诗里，精神和感官的感受被分离得如此遥远，以至艺术简直要被融化到宗教里去。但是，处于全盛探索期的强者诗人是不可能（作为一个诗人）接受黑格尔的这种观点的。历史也不会因为他是受害者而在所有的人中特别给他以安慰。

如果他自己并不想当受害者，那么强者诗人必须从他的前驱们手中“拯救”出可爱的缪斯。当然，他过高地估计了缪斯，把她看得超群绝伦，无可替代。否则，他又怎么能有把握地肯定“他”自己也是举世无双而无人能替代的呢？弗洛伊德对此淡淡地做过评论：“无意识中对某种不可替代事物的强烈欲望经常在事实上化为一个无穷尽的系列。”这种模式在大多数诗人——甚至沾染上可诅咒的想象力的后浪漫主义的男男女女——的爱情生活中占着上风。弗洛伊德又说：“一个在意识中以两个对立面出现的东西在无意识中往往是一个统一的整体。”当我们进入“对偶意义”这个深渊时，我们必须回过头来再读一下弗洛伊德的这一评论。在诗人想象力的完整性里，缪斯既是母亲，又是婊子，因为我们大多数人出于固有的自我中心利益而编织出来的最大幻想物就是家庭罗曼史——这甚至是不大具有诗性的人也在不断编写的唯一的诗篇。但是，理解诗人同他的前驱和缪斯之间的困难关系乃是这种通病的极端形式，我们有必要重温一下弗洛伊德最谨慎的一段话。因此，我只好引用这一长段体现出他的最隐晦的智慧的文字：

> 当一个孩子听说他的生命得之于他的父母，听说他的母亲赋予了他生命时，他内心的柔情随即与对长大成人获得独立自主的渴望混合在一起。于是，在他心里形成了一种想报答父母给他的这一礼物的愿望，并且希望用大致相同价值的礼物来报答。这个男孩似乎以一种藐视的口吻说：“我不想从父亲那里得到任何东西，我欠他的一切都要偿还。”为此，他编织了一个从危险处境中救出父亲的幻景——从此了却欠他父亲的债。这种幻想也很普遍地被移植到皇帝、国王以及别的大人物身上。经过这么一番移置，幻景进入了意识，甚至还为诗人们所采用。仅就应用在父亲身上而言，在“援救”这个幻景里，反抗远远超过了其中的柔情。后者一般是对待母亲的。母亲赋予孩子生命，这样一件特殊的礼物通常是无法用等值物来报偿的。于是，通过意义上的轻微的转换——这在无意识中是

> 轻而易举的，就像意识概念中各种具有不同感情色彩的意义往往会互相混合——“援救”母亲获得了与给她一个孩子或为她制作一个孩子同等的意蕴。当然，这孩子得跟他自己差不多，包括这些方面：本能、爱抚、感恩、感觉、反抗、自信以及自立。所有这些都能在“当他自己的父亲”这个愿望中得到满足。

如果把这种模式作为诗人之间的家庭罗曼史模式，那就必须做一些改变，不要把重点放在男性生殖器崇拜式的父亲身份上，而要多强调一下“优先权”。因为诗人们所经营的商品——他们的权威、他们的财产——都有赖于优先权。他们拥有的是——他们就是——他们在命名中首先生成的东西。实际上，他们都遵循着瓦莱里的直觉——他坚信人通过抽象来编织作品，而抽象乃是把已经制作出来的东西从宇宙中**抽出来**，从时间中抽出来，从而使这件东西可以被称为他自己的，使之成为一块不允许任何人逾越的禁地。启蒙运动后的一切探索的罗曼史——各种各样的浪漫主义流派——都是对“重新诞生自己的自我”这一目标的探索，都是为了成为自己的“伟大的原型”的探索。我们前进在以编织作品而粹取自我的道路上。但是，在布匹已被编就的地方，我们会继续走下去并把它重新拆开。令人惊叹的是，在艺术中，这种探索较之生活中的探索更加缥缈。在我们的生活里，我们越是追求本真之我（identity），它离我们就越远。但是，我们并不因此而误认为本真之我是不可企及的。杰弗里·哈特曼指出：在一首诗里，对本真之我的追求往往是某种程度上的骗局，因为这种追求往往流于一种形式上的手段。这也是作者的苦恼之一，是“影响”如此根深蒂固地成为强者诗人的焦虑的原因之一。它迫使他在自己的作品里体现出本来并非必要的倾向和偏见。世界上没有人愿意看到自己的内心斗争只是一种人工技巧，但是诗人在写诗时却不得不把各种反对“影响”的说法看作寻求本真之我的一种仪式化了的探索。诱拐者能不能对缪斯说“夫人，我的艺术的形式要求我不得不行骗”？

我们作为读者而感到的悲伤是不可能和诗人感到的窘境完全一致的。直到今天还没有一位批评家对优先权做出公正而体面的论断。当我鼓励批评走日益“对偶式”的道路时，我只是鼓励批评在已经选定的道路上走得更远一点。在和诗人的关系上，我们并不是和死者角逐的新人。我们更像向亡魂问卦的巫师，竖着耳朵想听听死者的歌唱。这些强大的死者就是我们的塞壬女妖，不过她们的歌唱并非为了阉割我们。当我们聆听她们的歌声时，我们有必要记住塞壬们自己的悲哀。她们内心的焦虑引起了别人的焦虑——虽然并没有使我们自己也感到焦虑。

我使用“对偶式”（antithetical）一词是取其修辞学上的意义：用平衡对仗的结构、短语或词语把相对的意义并置在一起。叶芝追随尼采，用“对偶式”这个词来描写这样一种人——寻求自身之对立面的探索者。弗洛伊德则使用这个术语来解释初始词的对立意义：

> 梦境对否定的忽略和用相同的表现手段表达对立意义的奇怪倾向……这种梦境的习惯……与我们已知的最古老语言的某种特性完全吻合。……在这些组合词里，互相矛盾的概念被相当有意识地结合在一起，不是为了通过对立概念的结合来表达其中一个概念的意义——单单一个概念也足以表示同样的意义了。……在梦境的这个特性……和那个特性的一致性中，我们也许能看到对我们关于梦境的思维—表达的倒退性和古风性之假定的确证。

我们不能认为诗歌是一种强迫性神经官能症。但是新人和前驱之间的终生关系却可能是某种强迫性神经官能症。强迫性神经官能症的特征是有一种强烈的双重情感。从这种双重情感中派生出一种拯救和赎罪的模式，而这种拯救—赎罪模式在诗的误读过程中又成了一种制约着强者诗人生命循环的各个阶段之连接的“准仪式”。安格斯·弗莱彻是一位活力超群的寓言家，他一针见血地指出：诗人的禁忌语就是弗洛伊德所谓的“对偶式初始词汇”。弗莱彻在其研究斯宾塞的著作中指出，浪漫主义探索者的特征是寻求“一个思想的空间，一个所指的真空，然后用他自己的思想观点来充满这个空间和真空”。当探索者发现所有的空间已经被他的前驱的思想占据完了的时候，他只能依靠禁忌语，其目的就是为他自己廓清一块思想空间。正是这种禁忌语，正是这种对前驱的初始词汇的对偶式使用，为一种对偶式批评奠定了基础。

作为研究“诗的影响”的学者，我们现在进而研究“苔瑟拉”现象或联系环节——一种不同的且更为微妙的修正比。在“苔瑟拉”中，迟来的诗人提供了其想象力告诉他的使原来“被截短了的”前驱诗歌和前驱诗人得以完整而需要的东西。这种“完成”的误读程度不逊于一种修正式转向。“苔瑟拉”一词是我从心理分析学家雅克·拉康那里借用的——拉康本人与弗洛伊德之间的修正式关系即堪称“苔瑟拉”现象的一个典型。在《罗马论》（1953 年）中，拉康引用了马拉美的一句话。这句话“把**语言**的日常用途比成一枚正反面的图案已被磨损得模糊不清的硬币的交换，人们‘默默无声’地传递着这枚硬币”。把这一观点应用到分析性主题的话语中（不管还原到何种程度）时，拉康说道：“这个隐喻足以使我们记起，即使是几乎完全磨光了的‘语词’（逻各斯）也还保持着其作为一种‘苔瑟拉’的价值。”拉康的译者安东尼·威尔登评论道：“这是暗指‘苔瑟拉’作为承认持有者之身份的标记——或‘口令’——的功能。在早期神秘宗教里，‘苔瑟拉’的意义是一块陶瓷片被打碎成可以吻合的两个半块碎片，交给新入教的人作为信物。”作为这一意义上的一个“续完环节”，“苔瑟拉”代表着任何一位迟来者诗人的一种努力——努力使他自己相信（也使我们相信），如果不把前驱的**语词**看作新人新完成或扩充的**语词**而进行补救的话，前驱的**语词**就会被磨平掉。

史蒂文斯在他的诗里大量使用“苔瑟拉”，因为“对偶式续完”构成了他与美国浪漫主义前驱们之间的核心关系。在《沉睡者》定稿的结尾处，惠特曼是这样把黑夜和母亲同一的：

我也从黑夜中来，

我只是离开一会儿。啊！黑夜，但我又回到了你的身旁，我爱着你。

我为什么要害怕把自己托付于你？

我并不害怕，你一直在抚育我健康成长，

我喜欢内容丰富熙熙攘攘的白昼，但我不会遗弃我在其怀抱里睡了这么久的她，

我不知道我如何从你那里诞生，我不知道我和你一起走向何

方，但我知道我来得顺利，我也将走得顺利。

我在黑夜里只会停留片刻，我会准时起床，
我会按时度过白昼。啊！我的母亲，我会准时回到你的怀抱。

对于惠特曼的这首诗，史蒂文斯用对偶式的方法将其续完。史蒂文斯的诗名为《石棺中的猫头鹰》——一首为友人亨利·丘吉撰写的挽歌。对于这首诗，最好把它读成对《沉睡者》的大幅度的“苔瑟拉”修正。惠特曼把黑夜和母亲跟人的善终建立起同一性；史蒂文斯则在人的善终和更广泛意义上的母亲幻象之间建立起同一性，进而与“黑夜”的意象相对立，因为她包含了所有能记得起的变化的证据——我们在白昼见到的事物——虽然她已把见到的一切转化成了知识：

她用发现将人们紧紧抱住，

就像速度之发现，就像见不到的变化
发现已发生的变化，
就像以往的存在不再是目前的存在。
这不是她的目光，这是她拥有的知识。
她是知识的自我，一个内在的东西，
远比外貌要更微妙；虽然她走动时

散发出一种悲惨的光辉，无法假装的悲惨的光辉，
她拥有的知识给这光辉注满激情，
闪烁在湮没的边缘。

啊！散发呀；啊！没有衣袖地奔放，
向外运动，精神焕发，红红地消失在
视野之外，消失在她最后一句话后的一片寂静中。

看来一点不错，英国诗人从他们的前驱那里开始转向，而美国诗人宁愿下功夫去“续完”他们的父辈。英国人是更真实意义上的相互修正者，但我们（或至少我们大多数爱默生之后的诗人）往往倾向于把我们

的父辈看得缺乏胆识。不过，对于前驱而言，这两种修正比都是缩削性的；我认为，将给我们的实用批评——无休止地探索着的“怎么读”这个问题——提供最开阔的线索的正是这种对前驱的“缩削”。

我所谓的“缩削”（reductiveness）指的是一种误读，一种激进的误解。它使得前驱看上去是一种过度的理想主义者。这种“缩削”的范例不胜枚举。仅以现代英语诗人中的最强者为例，就有叶芝之论布莱克和雪莱，史蒂文斯之论自柯勒律治直到惠特曼的一切浪漫主义诗人，亦见诸劳伦斯对哈代和惠特曼的评论。而使我吃惊的是，我发现只要有新人在对前驱的作品进行评价，我们就能看到这种缩削模式——从浪漫主义高潮期开始直到现代，而不仅限于史蒂文斯和其他现代派诗人的后期诗作。雪莱是一位怀疑论者，亦带有幻想唯物主义的色彩，而雪莱的新人勃朗宁则是形而上学唯心论的狂热信徒。但是，勃朗宁对雪莱采取了缩削态度，坚持要“改正”他诗人父亲过度的形而上学唯心论。当诗人在时间上向下转向时，他们欺骗自己去相信他们比前驱要更讲究实际。这似乎有点类似于那样一种荒谬的批评观点——认为每一代新诗人总比前一辈诗人更接近一般人使用的日常语言。把诗的影响作为一种焦虑来研究，作为救赎式误读来研究，这样的研究应会有助于我们摆脱那些更为荒谬的伪文学史的神话（或老掉牙的废话）。

我还要为误读研究提出更为积极的用途——把它看作一种与目前风行的一切主要流派相对立的对偶式实用批评。卢梭说过，没有他人的帮助谁也无法全部享受自己的个性。一种对偶式批评必须以此认识为基石，因为它是每一位强者诗人追求隐喻的最大动力。马尔罗说过：“每一个创造都是一个答复。”我对此的理解是，这是一种列昂纳多式的强烈自信——他敢于宣称：“不能超过老师的学生不是一个好学生。”然而，时光已给这样的自信心投下了阴影。我们必须认识到，艺术已被更伟大的艺术威胁得何其长久，何其深刻；我们当代的诗人迟入这一幕已经何其久矣！——我们必须以这样的认识为起点重新开始。

所有自称具有第一位重要性的批评流派不是在同义反复——诗就是诗，诗意味其自身，就是在还原——诗意味着某种自身并非诗的东西。

对偶式批评的出发点必须同时否定同义反复和还原。体现这一否定的理想说法是：一首诗的意义只能是一首诗，不过更像**另一首诗——一首并非其本身的诗**。且这首诗也不是完全任意选出的诗，它必须是出自一位不容置疑的前驱之手的一首核心诗，哪怕这位新人从来没有读过这首“核心诗”。在这里，考证研究是完全派不上用场的。我们的研究对象是初始词汇。但对偶意义和新人的最佳误读很可能是对他从未读过的诗篇的意义的误读。

“是我而非我”乃是一个暗含前驱对新人之指责的矛盾修辞语。比这一指责的口气略轻一些的是前驱的诗对后人诗的指责：“似我而又不似我。”一个新人要是无法摆脱这种双重桎梏，就会发展成诗人式的精神分裂症患者。格雷戈里·贝特森（Gregory Bateson）学派的人类交际语用学学者们说得好：对于这种双重桎梏，“必须以不服从而去服从。如果这是对自我或他者下的定义，那么，被定义者要成为这样的人，他必须不是这样的人，反之，如果他不想成为这样的人，他必须是这样的人”。处于这样的双重桎梏下的人会因为他的正确理解而受到惩罚。“这种似非而是的指令……完全破坏了选择本身，结果是什么也不能干了，引起了自我无限延展的系列振荡。”（见瓦茨拉维克［Watzlawick］、贝文［Beavin］和杰克逊［Jackson］合著的《人类交际语用学》）

至此，有一点应该很清楚了：我仅仅是在进行一种类比。但是，被我叫作新人的反常性的东西——他的修正行动“克里纳门”和“苔瑟拉”——其功能正是使得这种双重桎梏成为一种类比而不是完全的事实。如果新人想避免被过分限制，他就必须放弃对其心目中价值最高的那些诗篇的正确理解。既然诗（就像梦一样）无论如何总是向后看的，是怀旧的，既然前驱诗人永远不会被吸收而成为“超我”（对我们发号施令的**他者**）的一部分，而只能成为“本我”的一部分，那么，新人之“误译”乃是“顺理成章”之事。甚至梦本身也是一种信息或一种翻译，因而也是一种交流。但是，诗歌是一种被故意扭曲了的思想交流，是一种被兜底翻转的思想交流。它是对它的前驱者们的“误译”。虽然它花了九牛二虎之力，但是到头来总还是一个二元体，而不是一元体。不过，这个二元体乃是对单向交流的恐怖——对与强大的死者展开激烈搏斗这一幻想中双重桎梏的恐怖——奋起抗争的二元体。但是，当向下和向外运动着的**诗的影响的堕落**到达这一点时，诗人中最强有力者才是值得人们赞扬的。

我所说的“诗的影响”并不是指早期诗人把观念和意象传递给后来的诗人。诚然，这是“总在发生的事情”，并且这种观念和意象的传递是否引起了迟来诗人们的焦虑，确实是一个气质和环境的问题。对于考证迷和传记作家们，这些倒是不错的素材，但与我所关注者没有多少关系。观念和意象属于演绎，属于历史，并非诗歌独有。但是，一个诗人的姿态，他的**语词**（word），他的想象力的同一性，他的整个存在——所有这一切却**必须**为他所独有，而且永远为他独有。否则，他就会死亡，作为诗人的死亡，即使他已在具体的诗中获得了第二次诞生。但是，他的这一基本姿态也是他的前驱者的基本姿态，就像每个人的基本特性也是他父亲的基本特性一样，无论其怎样千变万化，无论其怎样头尾颠倒。在笛卡尔之后的意识和宇宙里，心灵和外部自然之间已不存在任何中间阶段，再幸运的气质和环境也无济于事了。对于诗人来说，斯芬克司之谜不仅仅是一个“初始情景”的谜，也不仅仅是一个人类起源的神秘，它更是一个更为阴森可怖的关于想象力之优先权的谜。一个诗人仅仅解出这个谜是不够的，他还必须使他自己（以及他理想化了的读者）相信：没有他的介入，这个谜是无法编出来的。

尽管如此，我最终还得承认（因为我必须承认）：启蒙运动之后的**最强者诗人**是强有力的例外，因为这寥寥可数的几位（弥尔顿、歌德、雨果）是与死者进行搏斗的现代诗人中的最成功者。不过，这也许仅仅是我们形容这些最伟大者的辞藻而已。比之于荷马、以赛亚、卢克莱修、但丁以及莎士比亚这些出现于那吞没了更伟大的意识模式的笛卡尔洪水之前的大人物，弥尔顿、歌德和雨果又相形见绌了。克尔恺郭尔在献给亚伯拉罕的颂词里最鲜明不过地道出了一位“诗之误读”的批评家背上的重负：

> 每个人都会被记住，但每个人的伟大程度是与其期望成正比的。

有的人因期望可能之事而伟大，有的人由于期望永恒而伟大，但是，最伟大的乃是那期望不可能之事的人。每个人都会被记住，但是，一个人的伟大程度是与他奋力企及之物的伟大程度成正比的。

克尔恺郭尔的话也许在这方面堪为定论，足以惩戒那些失了信仰的批评家。可是，将要涌现出的诗人中能有几位能达到这条伟大的训令的要求呢？谁能够承受这种沉重的光荣？当他出现的时候，我们又怎么能认出他呢？然而，让我们聆听克尔恺郭尔吧：

不愿劳动者不得食，只能受到欺哄，就像众神用一个虚无缥缈的形象代替情人来欺哄奥菲士：就因为他太纤弱，缺乏勇气；因为他是一个弹三角琴的，不像一个男子汉。这里，拥有亚伯拉罕为父亲或拥有十七位祖先都是无济于事的——不愿劳动者必须注意一下关于以色列处女们的那段话，因为他只能生出一阵清风，而愿意工作的人却会生出他的父亲来。

但在这里，克尔恺郭尔的父亲乃是超自然的不可思议的强者诗人以赛亚。而我引述的文本在克尔恺郭尔追求慰藉的地方就支离破碎了。也许，最终的结论终究还是影响的焦虑，还是以赛亚关于前驱们重回世界的预言。下面这段话并没有使克尔恺郭尔感到焦虑，但会使诗人们感到沮丧：

就像一位临近产期的孕妇，在阵痛中痛苦地哭喊，我们就这样在您的面前，啊，上帝！

我们一直怀着胎儿，我们一直经受着痛苦，我们仿佛只生下了一阵清风；我们没有在大地中掘出任何东西，世界上的居民们也并没有堕落。

您的死去的人们将复活，他们将和我的尸体一起站起来。醒来吧，歌唱吧，居住在尘土中的人们！因为你的雨露就像草上的露珠，而大地将会抛却死者。

第三章 “克诺西斯”或 重复和不连续

倘若那年轻人相信重复，他还有什么做不成？他本可以悟出何等深刻的真谛！

——克尔恺郭尔

每当我们想起我们那种屈从于执拗的行动模式的内在倾向时，我们就会产生一种“unheimlich”的感觉——“不可思议的”“不自在”感。一个人内心**魔鬼**的那一面支配着快乐原则，屈从于一种“重复强制”。一个男人和一个女人相遇了，几乎没有交谈什么，便缔结了一份相互伤害感情的契约；重新排演一次他们以前一起了解的内容——而实际上根本没有什么“以前”。弗洛伊德（这里所说的“不自在”乃是他的洞见）认为：“每一种情感影响——无论是什么性质的影响——总要被压抑转化成病态的焦虑。”在各类焦虑案例中，弗洛伊德发现了一类“不可思议”的焦虑。在这种病例中，“焦虑可被证明来自某种**重复出现**的被压抑物”。但是，弗洛伊德又说：这种“不自在”也可以被视作“自在”，“因为这种不可思议事实上并没有什么新奇和陌生之处，它是心灵中早已有之的某种熟悉而陈旧的东西，仅仅由于压抑过程，它才变得陌生了”。

我将“影响的焦虑”的这种特例称作一种类型的“不可思议之物”。

一个男人对被阉割的无意识恐惧在他的眼睛里表现为一种明显的病症，一个诗人对“不再成为诗人”的惧怕也会经常体现为一种视觉病症。要么他看得**过分清楚**，被强制着把一切观察得异常清晰透彻，似乎他的眼睛为了夺得统治全身的地位而使躯体的其他器官都相形见绌，使得世界也黯然失色；要么他的眼睛蒙上了一层迷雾，他必须透过这一层使一切都显得陌生的迷雾来看世界。在前一种情况下，看到的是支离破碎和扭曲了的对象；而在第二种情况下，至多也只是看见了一团明亮的云雾。

批评家们在内心深处是悄悄地偏爱着连续性的。但是，一辈子只跟连续性生活在一起的人是不可能成为诗人的。诗人的上帝不是生活在重复节奏里的阿波罗，而是秃顶的侏儒“埃勒”（即“谬误”）。“埃勒”居住在一个山洞的深处，只能不定期地溜出来，在昏暗的月色下尽情地享受那些强有力的死者。“埃勒”的小弟兄们——“转向”和“完成”是从来不进他的山洞的，但还隐隐约约记得这个洞府是他们诞生的地方。他们的生活有一半是忧心忡忡的，担忧着终有一天他们会回到这个山洞里找到他们长眠的归宿。与此同时，他们也同样偏爱连续性，因为只有在连续性中才有他们的活动空间。除了濒于绝望的诗人之外，只有**理想的或真正普通的**读者才会喜爱不连续性——这样的读者至今尚未诞生。

诗的误读从历史的角度看是一种健康状态，就个人而言则是违背连续性的罪过。它违背了唯此为大的唯一权威——一种由于首先为某物命名而形成的财产权或优先权。就像政治是一种财产一样，诗歌也是一种财产。赫尔墨斯上了年纪，变成一个秃顶侏儒，自称“埃勒”，开创了**商业**。诗人之间的关系既不是商业活动，也不是盗窃，除非你能把家庭罗曼史设想为商业政治或像布莱克在《思想旅行家》中描写的那样——把家庭罗曼史变成偷窃的辩证逻辑。但是，家庭罗曼史中毫无欢悦可言的睿智是不大会容忍那些能使精神经济学家感到快活的微小实体的。这些微小实体只能是慷慨的小错误，而不是大的“埃勒”本身。我们可能碰到或者犯下的最大谬误乃是每一个新人的幻想曲：以足够程度的对偶逆反进行探索，在生活中重新诞生自己。

黑夜给每一个沉思默想的人提供了明显的好处——一块适当的背

景，就像人们实际上最不应该惧怕的“死亡”会以最恰当的方式成为强者诗人们的朋友。树叶变成了无声的呼喊，而真正的呼喊反而听不到了。连续性的起点时分是黎明，然而没有哪一个以诗人身份出现的诗人能够听得进尼采的伟大格言：“试着像在早晨一样去生活。”作为诗人的新人必须尽量像在半夜时分那样去生活——悬止的夜半时分。因为，作为崭露头角的诗人，其第一感触就是“已被抛出去了”，向外向下抛出去了——而且恰恰是被那以对其领悟而**发现了**他并使他成为诗人的伟大光辉往外往下抛出去了。新人的第一个领域是一片汪洋，或大洋之滨。而且他也明白他是通过一次堕落来到水中的。他内在的本能会将他固持在水中，但对偶式逆反冲动会把他从水里拉出来送到陆地上，并让他去探索他自己领域里的火焰。

被我们称为诗的大部分——当然是启蒙运动之后的——就是这种对火的追求，亦即对不连续性的追求。重复属于潮湿的海岸，而“谬误”只会降临于那些超越了不连续性的人——在虚空的旅途中步入那失重的令人恐惧的自由的人。普罗米修斯主义——或对“**诗的力量**”的追求——徘徊在两个矛盾点之间：一方是**被抛出性**（重复），另一方是放纵（宾斯万格所谓的“Verstiegenheit”，即“诗的疯狂”，也就是真正的“谬误”）。这其实仅仅是一种循环探索，它的唯一目的，它唯一能争取到的光荣乃是——而且必然是——失败。自老一辈伟人以来，只有极少数人打破了这个循环而存活下来，他们进入了一种“逆崇高”，写出了踏踏实实的大地之诗。但是，这极少数人（弥尔顿、歌德、雨果）乃是仅次于神的“准神”。我们当代的英语强者诗人英勇地走上与前辈已故诗人进行角逐的战场，但是他们的步子迈得太小，难以跨入这大地之第四诗歌阶段。新人之多无以计数；但不到十个新人成功地进行了普罗米修斯式的探索，只有三四个新人到达了不连续性诗歌的境界（如哈代、叶芝、史蒂文斯），从中产生了天籁之诗。

哪里有前驱的诗，就让我的诗在哪里吧！——这是每一位强者诗人的理性准则。因为，诗人父亲已经被吸收进了“本我”，而不是被吸收进“超我”。有能耐的诗人站在前驱面前，就像艾克哈特（或爱默生）

站在上帝面前。他不是被创造的一部分，他是灵魂的精华部分——未被创造出来的物质。从概念上说，迟来者的中心问题必然是**重复**；被辩证地提高到再创造地位的“重复”乃是新人的入门之道，它使他不再感到恐惧，不再害怕自己仅仅是前驱的一个抄本或副本。

作为我们亲身经历中的各个意象（我们现在的感情尚无法与之争长短的、占领我们心智的意象）的反复出现，“重复”是心理学家们正在英勇地与之厮杀的主要敌人之一。弗洛伊德认为：从根本上而言，“重复”是一种形式的强制。这种强制形式通过惰性、退化和内耗而还原成人的死亡本能。弗尼契尔——一位冷峻的弗洛伊德心理动力学的百科全书式人物，追随弗洛伊德，承认有一种旨在获取控制权的“积极”重复，同时也强调了“收回性”（undoing）重复——一种在弗洛伊德的想象中要生动得多的神经官能创伤。弗尼契尔竭尽全力将“收回”跟别的自卫机制区别开来：

> 在反应的形成过程中，我们采取一种与原来的态度截然矛盾的态度；在“收回”中，我们又前进了一步。这意味着做了一件积极的事情——事实上或魔术般地做了。这一件事与另一件事实上或想象中曾做过的事正好相反。……赎罪这个观念本身别无其他，就是对某种魔术般收回之可能性的信念。

这里所谓的强制仍然是重复的强制，但是把**无意识**意义推向了反面。在把一种概念与其原来的感情内容相割裂的过程里，“重复”同样是决定性的因素。弗洛伊德所说的“超越快乐原则”乃是任何心理活动中的一块黑暗区域。而在诗歌这块必然引起快乐的领域里，这块区域就显得更加黑暗。“超越快乐原则”的主人公——一个18个月大的玩着“福-达”（fon! - da!）游戏的男孩，通过将其母亲的失去与复归加以戏剧化而领悟到了他母亲的消失的真谛。将游戏冲动还原为重复强制是弗洛伊德的勇敢精神的一个体现。但是，弗洛伊德更超人的勇气在于他把一切重复冲动还原为一种退化性本能——一种其实用目标正在消失的本能。

拉康本人就是一位突出的超越者。他告诉我们：“正如重复强制表现的不过是移情经验的历史化时间性一样，死亡本能本质上表达的是主体之历史功能的界限。”由此可见，拉康把“福-达”游戏看作儿童语言想象力的人格化行为。在这一人格化行为中，主体性将其本身的退位和象征的产生相结合。“弗洛伊德以其天才的一闪向我们揭示的超自然行动使我们领悟到：欲望成为人性的时刻正是孩子降生到**语言**中的时候。”

拉康意义上的“这个界限”——我们的死亡——体现为“在重复中颠倒地显现出的过去”。而笼罩着拉康的对弗洛伊德和海德格尔思想的离奇的混合乃是克尔恺郭尔式重复的巨大阴影，借用一句拉康的话就是“自我消耗的‘存在’之枯竭”。跟其他心理分析学概念一样，弗洛伊德的重复也只有用二元论方法才能解释。因为弗洛伊德要求我们永远把明显的和潜在的内容区别开来。对这种纯浪漫主义反讽过分持辩证态度的克尔恺郭尔则制定了一种特殊的“重复”——其对诗的误读之反讽的接近程度超出了弗洛伊德式的“收回”或“分离”机制所允许的范围。

克尔恺郭尔式的重复从来不“发生”，而是“向前的回忆”，就像上帝创造宇宙那样**迸然而出或跃然而出**。

> 要是上帝本人从来没有愿意重复，那么这个世界也就永远不会诞生了。他将遵循希望的轻松计划，或者回忆起所有的希望并将其保留在记忆之中。但是，他没有这样做，所以世界就继续存在。世界之所以继续存在就是因为这样一种事实——它是一种重复。

存在至此的生命**现在生成了**。克尔恺郭尔说过，重复的辩证法是“容易的”。但这只是他开的一个温和的玩笑。他对重复的最精彩的玩笑也正是他的第一个玩笑，而在我看来也正是对误读之辩证法的一个漂亮的入门介绍：

> 重复和回忆是同一种行动，只是方向相反而已。因为被回忆者存在至此，是一种向后的重复，而真正能称为“重复”者乃是向前的回忆。因此，如果重复是可能的，它将使人快乐，而回忆则使人不快——当然，这必须是他给自己一点时间生存，而不是在刚诞生下来时就立刻找一个借口，企图悄悄地溜出人生，比如说，声称忘记了什么东西。

这位“重复”理论家以柏拉图为代价开玩笑。他提出了一种可能的但并非完美的爱，那就是唯一不会令人不愉快的爱——对重复的爱。完美的爱乃是一种在甚至曾经使你感到不愉快的地方也仍然爱的爱。但重复属于非完美的，亦即我们的天堂。强者诗人之所以能够生存下去是因为他的生活是一种不连续性——一种“收回性”和“分离性”的重复，但是，如果他不能保持生活中的“向前回忆”的连续性——迸发出令人耳目一新而又重复前驱成就的连续性，那他就将不再是一位诗人。

现在让我们补充一下我们的观点：误读是对前驱之所作所为的一种行动上的差错（和理解上的差错），不过，“差错”一词在这儿本身具有辩证意义。前驱的所作所为确实已经使新人陷入了向外和向下的重复行动，而且这种重复——新人很快就会懂得——必须既被收回而同时又被辩证地肯定。收回机制是很容易获得的，这跟别的心理自卫机制没有什么差别。但是，以向前的回忆进行的重复过程却是不容易学会的。当新人招来缪斯帮助自己记忆未来时，他实际上在请求她为“重复”助一臂之力。但是这种请求的意义很难说雷同于“孩子要求讲故事的人再讲一遍原来的故事”的那种意义。沙克特尔（Schachtel）在《变形》一书中提出：孩子听一则故事时，是为了依赖这则故事，就像我们依赖一首最心爱的诗——以便下次打开这本书时还能找到这几行诗句。客体的守恒性使我们有可能集中精力去进行探索。因此，当沙克特尔乐观地批评弗洛伊德所坚持的孩子游戏中的重复强制的普遍性时，他依赖的就是这种对客体守恒性的信心。沙克特尔论点的核心是，他完全反对弗洛伊德关于思想起源的深刻的还原理论。弗洛伊德认为，思想的前驱总是——而且只是一种对需求的梦幻式的满足。在这种梦幻状态里，愿望的满足被取代了，“自我”向“本我”索求比它所能得到的还要多一些的自治。

因为“自我”是在同“本我”的关系中——而不是在同吹毛求疵的“超我”的关系中——经历了“被抛出”。“自我”心理学家们对弗洛伊德的修正也许是正确的，但从文学批评家的立场上看却并非如此。因为后者正确地坚持把创造性能力归结到一个区域（不管我们给它起个什么名称)，这个区域已经把“自我”甩出圈外去面对整个“非我”世界，或者也许更好一点，去面对帕斯卡所谓的“我对之一无所知也不为其所知的无限广阔的空间”。“自我”在被抛到笛卡尔的无限的外部物质世界之后，感到了自身的孤寂。作为一种补偿，它寻求一种虚缈的自主，寻求某种能欺骗它而使它感到某种自由的东西：

> 使我们自由的乃是我们知道了：我们过去是什么，我们已经变成了什么，我们过去在什么地方，我们被抛到了什么地方，我们在冲向哪里，我们从什么地方被拯救了出来，什么是诞生，什么是再生。

汉斯·乔纳斯（Hans Jonas）指出：瓦伦丁的这一公式“并没有提供一种其内容能为知识提供基础的‘现在’——这种知识经过观察足可以挡住那向前的突进”。乔纳斯把诺斯替教式的“我们被抛到了何处”比成海德格尔所谓的“抛入”（Geworfenheit）和帕斯卡所谓的“被抛弃”（cast out)。而每一位笛卡尔之后的新人的处境又进一步提供了一种新的比较——经常不知不觉地充当着诺斯替派。也许，叶芝的可怕的伟大性归根结底还是来源于他的自觉的诺斯替教论，来源于他深深地领悟到了他作为诗人是何等地需要诺斯替教义。

当我们不再期待时，我们也许会得到报偿。济慈能写出那么动人的诗，正是因为他对他作为诗人而被人们要求做到的一切持有非常超然的态度，而同时又非常忠诚地做到了被要求做到的一切。但是，每一首诗——甚至完美无瑕如济慈的《秋颂》——都是一堆“误置物”。即使是济慈这样的大诗人，也必须是不连续性的预言者。对于这样的预言者，经验归根结底也不过是另一种形式的瘫痪。在诗人和他关于那未知的真正上帝的意象（或已经被治好了创伤又显得原本和纯粹的自我）之间，插进了他的前驱们——像许许多多诺斯替派的执事官。不久以前，我们的年轻人还是假冒的诺斯替派，他们信仰的是形成他们的真正“自我”的、自然经验无法玷污的本质上的纯洁。强者诗人必须信仰此类东西，且将永远为人文主义的伦理学所谴责。因为强者诗人必然是违背俗世常理的人——在这里“必然”似乎意味着在感情上无法摆脱，似乎反映出一种强制性重复。“违背常理”（perverse）一词的字面意义是“被转入错误道路”。但是，在与前驱们的关系方面，“转入正确道路”就意味着方向纹丝不转。由此可见，**相对前驱者而言**，任何偏见或偏向都不可避免的是悖乎常理的，除非所处的整个背景本身（如围绕诗人的文学正统）允许他成为“**悖乎常理性**”的化身，就像法国的波德莱尔-马拉美-瓦莱里一派是爱伦·坡的化身，或弗罗斯特是爱默生的化身。“转向”（swerve）一词来自盎格鲁-撒克逊语中的“sweorfan”，原义为“擦掉”、“锉下来”或“涂光”。在常用语中的意义则是“偏离”、“离开直线”、（从法律、义务和风俗习惯等）“避开”。

但是，强者诗人的想象力**是不会把自己的想象力看作悖乎常理的**；它本身的倾向必然是健康的，是真正的优先权。正因为如此，才产生了“克里纳门”现象。其根本的思想依据就是认为前驱者由于**不能转向**而走上了歧路。这种“克里纳门”就是这样一点偏移，就是在当时当地偏移一个视角——不管是锐角还是钝角。然而，这样做确实是痛苦的——不仅仅对本人内心的喜爱来说是痛苦的。如果想象力这一天赋必须来自精神的悖理，那么现今的文学迷宫就是建立在我们最丰富的一切冲动的废墟之上的。所以很明显，我们不应该直接以文学本身为基础而创立人文主义。而且“人文”（humane letters）这个说法本身就是一种矛盾修辞语。现实就是如此，而且必须如此。某一种人文主义可以建立在比我们迄今为止所达到的更为完整的**文学研究**的基础上，但绝不可能建立在文学本身的基础上或对文学暗含范畴的任何理想化了的映照的基础上。经过了野蛮阶段和错误再现阶段，强大的想象力诞生了，痛苦地诞生了。我们所能希望的——通过一种比我们迄今为止所有的文学研究更为高级的文学研究去传播的——唯一的人文主义美德乃是一种超脱于个人自身想象之外的社会美德。当然，这种超脱一旦达到绝对化境地就会摧毁任何个人的想象力。

哪里存在着对于自身想象力的超脱，哪里就失去了不连续性的容身之地。欲望结束的地方，即是“重复”得以奋进之处——无论这种重复是不是重新想象出来的重复行为。瓦莱里说过，使置身于其中的人得到一种真正的孤独感的东西是没有名称的。史蒂文斯则鼓动追随他的新人抛弃那些给人以启迪的定义，而去找到替代这些陈腐的名称——它们不会产生孤独的背景的真正认同——这黑暗的区域就是不连续性。在这种不连续性中，新人能够再次看到并认清一种新的优先权的幻影。

要是为这种不连续性找一个最佳的情感比喻，那么它不是初恋而是初次感到的嫉妒。在这里，“初次”意味着意识的第一次。什么是嫉妒？加缪笔下的卡利古拉曾经这样嘲笑一个戴绿帽子的丈夫：嫉妒是虚荣心加上想象力的一种综合征。而我们的强者诗人会告诉卡利古拉：嫉妒得以形成的心理基础乃是我们内心因对时间的紧迫感而产生的惧怕——没有足够的时间了，而我们的爱要比时间所能包容的多得多。对于诗人来说，不连续性与其说是建立在时间的点上，不如说是建立在空间的时刻上。在那里，重复被取消了。似乎跟关于享乐的经济学发生联系的只是我们思想上的空虚和迷惘，而不是紧张心理的宣泄。

让我们回过头来看看那至今还使人感到震惊的《超越快乐原则》。那是弗洛伊德的后期著作，是在1920年发表的宣言。该书把性交前的调情跟周期性神经官能症联系起来，又把这两者跟弗洛伊德的孙子恩斯特·弗洛伊德的母性遗弃游戏——与拉康的再想象有密切联系的著名的“福-达”游戏——联系起来。所有这些都属于“重复强制”。而从弗洛伊德的观点来看，归根结底它们都是魔型的，自我破坏性的，崇拜死亡之神萨纳托斯（Thanatos）的：

> 也许我们已经接受了这种信念（死亡本能），原因是可以从中得到一些慰藉。如果我们自己将会死亡，而且在死亡时首先失去的是我们的亲爱者，那么我们就会比较容易地去服从一种不会使人遗憾的自然法则——服从崇高的必然性，而难以服从一个也许已经失去了的机会……

这是弗洛伊德后期的观点，但也未尝不是爱默生后期在《生命的行为》（*The Conduct of Life*）中的观点——阴郁地崇拜“美丽的必然性”。弗洛伊德和爱默生都把这种崇高的必然性与侵略性相联系，而用一个爱神厄洛斯（Eros）与之相对——虽然弗洛伊德笔下的厄洛斯乃是力比多的一种扩大了的视像，而爱默生的厄洛斯是他后期对“超灵”的一种大致上没有限定的说法。总而言之，对于抵制将我们拉向死神萨纳托斯的重复的那种自我的自卫机制这一点，两者都是模棱两可的。但是，在弗洛伊德派对这些机制的解释中——特别是在我上面已经引述过的弗尼契尔的话里——这已经为一种批评提供了理论基础。这种批评旨在描述强者诗人针对重复的自卫机制，亦即他们在不连续性中做出的拯救式（但也是必然失败的）冒险。

对于作为诗人之间关系之特征的修正比的研究，我现在再加上第三个修正比：“克诺西斯”或“倒空”——既是想象力的收回行为，又是想象力的“分离”行为。我使用的“克诺西斯”一词源出圣·保罗对基督使自己从神祇地位降格为凡夫俗子的描述。在强者诗人身上，“克诺西斯”是一种修正性的行动。在这一修正性行动中，发生了一种**与前驱有关的**“倒空”或“退潮”现象。这种“倒空”现象是一种解放式的不连续性，它有可能产生一种仅凭对前驱的灵感和神性的简单重复无法产生的诗篇。把**自身中的**前驱者的力量进行“收回”也可以使自我从前驱的姿态中“分离”出来，从而拯救迟来者诗人——使他免于成为对自己（也存在于自身）的禁忌。弗洛伊德强调自卫机制与整个禁忌领域的关系。我们则注意到了接触和清洗掉禁忌这样一种上下文对于“克诺西斯”的关联性。

为什么当涉及强者诗人时，“影响”这个本来可以是健康的因素往往更多地变成了焦虑呢？在与他们的父辈的鬼魂搏斗时，强者诗人作为诗人“得”大于“失”还是得不偿失呢？“克里纳门”“苔瑟拉”“克诺西斯”以及其他一切对前驱们进行误释或变形的修正比，到底是使诗人获得自己的个性，成为真正的自我呢，还是在歪曲年轻一代诗人——就像它们歪曲父辈诗人一样？我敢断言：这些修正比对诗人之间的关系所起的作用相当于自卫机制对我们的心理生活所起的作用。在我们的日常生活里，各种自卫机制对我们造成的损害不已经超过了重复强制对我们造成的损害（避免这种损害本是自卫机制的工作）了吗？

弗洛伊德在这个问题上是采取很辩证的态度的。但我认为，在他后期所写的那篇有力的论文《有限性和无限性分析》(1937年)里，他的态度是非常明朗的。如果我们用“新人”代替他的文章里的“自我”，用“前驱”代替他的文章里的“本我”，那么，弗洛伊德就为新人所处的两难境地列出了一个公式：

> 在很长一个时期里，逃跑和回避是面对外部危险时的权宜之计——直到个人最终强大得足以用积极改变现实的方法来排除掉危险。但是，一个人无法逃离他的自我，也无法回避“自我”中内在的危险。因此，自我的自卫机制注定会去歪曲内在的知觉。**这样，它就只会传达给我们一个不完整的被滑稽式模仿歪曲了的我们的“本我”的图像。在与本我的关系中，自我由于受到其限制而瘫痪或由于其谬误而变得盲目。**这在心理活动领域内的结果也许可以被比成一个不善于走长路的人在一个陌生的国度里行走时取得的进展。
>
> 自卫机制的目的是把危险挡开。毫无疑问，自卫机制取得了成功。但是，自我究竟能不能完全脱离自卫机制而发育成长呢？这一点仍应存疑。然而，有一点是毫无疑问的，这就是：自卫机制本身有可能构成一种危险。往往会出现这样的情况：自我为了获得这些自卫机制的服务而付出了过高的代价。（文中的斜体字［译文中加黑部分］是我加的，弗洛伊德原文中没有。）

这一令人悲哀的景象以“自我”的成熟结束——处于鼎盛期的“自我”保卫自己免受已经消失了的危险的损害，甚至为已经消失了的危险找一些替代物。在强者诗人的**角逐争斗**中，得到的替代物往往是新人自己的早期形象——在某种意义上，他在为他从来没有取得过的光荣而悲哀。我们还没有抛弃弗洛伊德的模式。让我们更仔细地观察一下起“收回”和“分离”作用的关键性机制，然后回到被我称为“克诺西斯”或“倒空”的阴晦领域中去。

弗尼契尔把“收回”和赎罪相联系。赎罪是仍然遵从清涤禁忌的一种清洗行为，因此它倾向于实施与强制性行为对立的行为。然而矛盾的是，它还在实施原来的行为，不过带上了对立的无意识的意义。从这个观点上看，与艺术升华相联系的乃是各种倾向于收回“想象中的毁灭”的态度。“分离”使联结在一起的东西分开了，保持了心灵创伤，但摒弃了其中的感情含义，同时仍然遵守了接触禁忌。在这种“分离”过程中往往充满了空间和时间的扭曲——我们从与原始的接触禁忌的关联中也可以估计到这样的扭曲现象。

“克诺西斯”较之“克里纳门”或“苔瑟拉”更使人感到无所适从，因而必然使诗歌更深刻地进入各个对偶意义的领地中去。因为，在“克诺西斯”中，艺术家反对艺术的战斗已经失败，诗人堕落到或退隐到将其幽禁起来的一个空间和时间内，即便他们有意识地利用在连续性中的故意失败去破解前驱的模式。他的姿态**表面上看**就是他的前驱的姿态（济慈的姿态看上去就像弥尔顿刚开始写《海壁朗》时的姿态），但是，这种姿态的意义已被“收回”了。姿态的优先权已经被**倒空**了，而这种优先权正是某种神性。抓住这种姿态不放的诗人变得更加孤立——不仅孤立于他的同伴，也孤立于他的“自我”的连续性。

对于努力想描述他感到有必要描述的一首诗的读者来说，诗的“克诺西斯”这一概念究竟有何用途呢？“克里纳门”和“苔瑟拉”这两个修正比也许可用于将无关的各首诗歌的成分进行排列组合（或拆散其原有的排列组合）。但是这第三种修正比“克诺西斯”似乎更适用于诗人，而不是诗。作为读者，我们有必要把舞蹈演员和舞蹈区别开来，把歌唱家和歌曲区分开来。那么，这种自我倒空的思想——企图抵御父亲而又激烈地破解儿子的思想——何以有助于我们这项艰难困顿的事业呢？《西风颂》中雪莱的“克诺西斯”是对华兹华斯还是对雪莱本人的收回和分离呢？在惠特曼的《当我随着生命的海洋而退潮》中，是谁被更可怕地倒空了呢——爱默生还是惠特曼本人？当史蒂文斯面对着可怕的极光时，到底是他的秋天还是济慈的秋天被倒尽了其中仁慈的慰藉之情？阿蒙斯走在科森湾的沙滩上，从自身倾倒出了一个“整体”（这个“整体”现在已被承认超过了他本人）。但是，这首诗的意义难道不就取决于它坚信爱默生的“整体”超越了甚至如爱默生这样的哲人吗？每一位浪漫主义诗人到了晚期都会不可避免地否定自己的前期作品。但是他必须逆转其意义而反复高歌的不就是他自己的歌曲吗？但丁、乔叟，甚至斯宾塞都能将他们对自己原有信仰的否定写成诗章。但是，弥尔顿、歌德和雨果否定得更多的却是他们的前驱者的谬误，而不是他们自己的谬误。对于更加具有歧义性的现代诗人——即使是布莱克、华兹华斯、波德莱尔、里尔克、叶芝和史蒂文斯这样的强者诗人——每一次“克诺西斯”现象都会使一个前驱者的威力失色。似乎有一种魔术般的“收回-分离”行为企图以牺牲一个父辈为代价来拯救**自我中心之崇高**（升华）。在诗的意义上，在修正的意义上，“克诺西斯”表面上似乎是一种自我放弃的行为，但总是要使父亲们为他们自身的原罪付出代价，甚至也要使父亲们为儿子们的原罪付出代价。

因此我得出如下一个实用公式：“曾经有前驱者的地方就会出现新人——但其出现的方式是以不连续方式倒空前驱**本人的**神性，虽然表面上似乎是在倾倒自己的神性。”无论“克诺西斯”式的诗篇是何等凄凉哀怨，甚至何等令人沮丧，新人总是小心翼翼地使自己轻轻地摔下去，而让前驱跌得鼻青脸肿。

不管诗人中的最强者可能达到多么高的唯我主义程度，我们都不应该再把任何诗人看作一个自主的自我。每一个诗人的存在都陷入了与另一个或几个诗人的辩证关系（转让、重复、谬误、交往）。在原型的“克诺西斯”中，圣·保罗发现了一种任何一个作为诗人的诗人都不愿去模拟的模式：

> 凡事不可争斗，不可贪图虚浮的荣耀；只要存心谦卑，
> 　　各人看别人比自己强。
> 各人不要单顾自己的事，也要顾别人的事。
> 你们当以基督耶稣的心为自己的心：
> 他本有上帝的形象，不以自己与上帝同等而为强夺，
> 反倒放弃任何名声，取了奴仆的形象，成为人的样式。
> 既有了人的样子，就自甘卑微，存心顺服，以至于死……

与这种“克诺西斯”相对，我们可以建立起一种独特的对“克诺西斯”的**魔鬼**式的模仿讽刺——那是正宗的“克诺西斯”，与其说是降低

了自己的身份，不如说是降低了所有前驱者的身份，从而必然至死都是一种反抗。布莱克大声地对蒂扎说：

> 一切由凡夫俗子诞生的东西
> 必须与大地一起被磨耗
> 不属于任何血统，我站起来了；
> 请问，我与汝有什么相干？

插入章　对偶式批评宣言书

如果想象就是误释，就是使得所有诗篇对偶其前驱者，那么，模仿一位诗人而进行的想象就是为其自己的阅读行为而学会自己的隐喻。由是，批评就必然也变为对偶式——模仿创造性的误解的奇特行为的一系列转向。

第一次转向是学会像比前驱诗人更伟大的后人们强迫他们自己去阅读前驱者的作品那样去阅读这位前驱诗人的作品。

第二次转向是以徒弟一样的身份去阅读这些后人的诗作，这样来强制我们自己学会：如果我们为我们自己的著作所发现，如果我们自己的生命存在要求我们被发现，我们应该在哪些地方修正他们的诗作。

上述探索都还算不上"对偶式批评"。

对偶式批评发轫于我们以第二次"克里纳门"来衡量第一次"克里纳门"的时候。我们在发现了偏差的特征之后，就进而将其作为一种矫正器去阅读第一位或第一组——而不是第二位或第二组——诗人的作品。对于较近的诗人或诗人们来说，只有当他们发现门徒不是我们时，才有可能对他们实施"对偶式批评"。他们的门徒可以成为批评家，而不是诗人。

人们可以对这一理论提出这样的异议：指责我们从来没有把一个诗人当作诗人一样去阅读他的作品，而只是在另外一个诗人的作品里去读这个诗人，甚至把一个诗人的诗读进另一个诗人的诗作里。对这种异议，我们的回答是多层次的。我们否认对于读者而言会存在、存在过或者有可能存在什么“作为诗人的诗人”。就像我们永远不可能拥抱一个单个的“人”（从性的角度或别的角度），而只能拥抱他或她的整个家庭罗曼史，我们也绝不可能阅读一位诗人而不去阅读他或她作为诗人的整个家庭罗曼史。问题是还原和如何回避被还原。修辞式批评、亚里士多德式批评、现象学派批评以及结构主义批评都是还原式的——无论是还原为意象、理念、给定的事物还是还原为音素。道德批评派或其他喧喧嚷嚷的哲学批评或心理学批评的理论都还原到相互竞争的概念。我们如果要还原，就还原为另一首诗。一首诗的意义只能是另一首诗。这不是同义反复，甚至也不是深层的同义反复。因为两首诗不是同一首诗，就像两个生命不是同一个生命一样。问题是“真实的历史”，确切地说是“对历史的真正运用”，而不是滥用历史——尼采意义上的运用和滥用。真实的诗史是诗人作为诗人如何忍受其他诗人的故事，就像一篇真实的传记记载的应是一个人如何忍受其家庭的故事——或他自己如何把家庭成员变位为情人和朋友的故事。

结论——每一首诗都是对一首亲本诗的误释。一首诗不是对焦虑的克服，就是焦虑本身。诗人的误释或诗尤甚于批评家的误释或批评，但这仅仅是程度上的差别，而不是类别之差。没有解释，只有误释，所以一切批评都是散文诗。

某些批评家或多或少比另一些批评家更有价值——只是（确实是）像某些诗人或多或少比其他诗人更有价值罢了。因为，正如只有翻开一位前驱者的诗篇才能找到这位迟来者诗人的价值，要找出一位批评家的价值，其方法亦不外乎如此。两者的区别仅仅是：一个批评家的亲本更多一些。他的前驱者中既有诗人也有批评家。然而，事实上一个诗人的前驱者中也是两者兼有的。而且随着历史的推移，这种情况更是频频发生。

诗歌是对影响的焦虑，是误读，是被约束的悖理。诗歌是误解，是误释，是误联。

诗歌（罗曼史）是家庭罗曼史。诗歌是乱伦的魅力，又受到抵抗这种魅力的因素的制约。

影响者，**流感**也——一种神秘的病症。

假如影响是一种健康状态，谁还会写诗？健康意味着停滞。

精神分裂症是蹩脚的诗。因为精神分裂症患者已经丧失了进行悖理活动、任性和误读的力量。

由此可见，诗歌既是收缩，又是扩张。因为，所有修正比都是收缩运动，但创作本身是一种扩张运动。优秀的诗歌是修正运动（收缩）和令人耳目一新的外向扩展的辩证关系。

我们这个时代的最佳批评家依然是燕卜荪和威尔逊·奈特（Wilson Knight）。因为他们的误释比别人的误释更具对偶性。

我们说一首诗的意义只能是另一首诗，我们可以指的是整整一个诗歌系列：

> 一首或若干首前驱诗。
>
> 为我们的阅读而写出的诗。
>
> 一首竞争的诗，同一位前驱的儿子或孙子。
>
> 一首从来没被写出的诗——也就是一首理应已经被该诗人写出来的诗。
>
> 一首综合诗——上述各种诗歌以某种组合形式构成的诗。

一首诗即是诗人感到没有优先权的悲哀。诞生不出自身并不是诗歌产生的原因，因为诗源于对自由的憧憬，源于一种感到优先权有可能获得的感觉。但是，诗歌不像创作中的思维，它是一件被创作出来的事物。因此诗歌是一种已获得的焦虑。

我们应该怎样去理解一种焦虑呢？只能通过我们自己对焦虑的亲身经验。每一位深刻的读者都是一位“白痴提问者”。他问道：“谁写出了我的诗？”因此，爱默生坚持认为：“在天才的每一篇作品里，我们认出了被我们自己摒弃的思想——它们带着一种被异化了的庄严回到了我们身边。”

批评是深刻的同义反复的话语（discourse）——是一位唯我主义者的话语：他知道他意指的是正确的，但说出来的却是错误的。批评是摸清从一首诗通达另一首诗的隐蔽道路的艺术。

第四章 “魔鬼化”或逆崇高

时至今日，关于这个问题的最高真理最终还是没有说出来——也许是无法说出。因为我们所说的一切都是一种直觉的遥远的回忆。那使我现在最能接近道出这直觉的思想的描述是这样的：当善在你身旁时，当你身上存有生命时，它并不依靠任何已知的或习惯的方法；你不会看到别人的足迹，不会看到人面，不会听到名称。那方法、那思想、那善将全然是陌生和新鲜的。它将排除实例和经验。你从人那里获得方法，而不是给人以方法。曾经存在过的一切人都是它的遗忘了的牧师。恐惧和希望同在它的下面。甚至在希望中，似乎也还有某种低级的事物。在梦幻的时刻，不存在什么可以被称为“感恩”的东西，也不存在可以被称为喜悦的东西。提高于激情之上的灵魂看到了本真之我和永恒的因果，领悟到了“真理”和“正义”之自我存在，并因为知道一切平安而使自己平静下来。自然之广袤空间——大西洋、南海，漫长的时间间隔——年和世纪：这一切对它都无涉。这，我以为我感到，曾支撑先前各种生命和环境的状态，正如它现在支撑着我的现在一样，支撑着生命和死亡。

——爱默生《论自力更生》

新的强者诗人必须调和存在于他自身的两条真理：**“文化精神（Ethos）乃是魔鬼”**以及“一切事物都通过他而被创造，没有他，已造出的东西就没有一件是被造出的”。不管宣传者怎么说，诗歌都不是反抗压抑的斗争，诗歌本身就是一种压抑。诗歌的出现甚至并不像里尔克所说的那样是对当前时代的一种反应，而是对其他诗篇的反应。里尔克说过，对于诗人眼里的新世界和新时代来说，“时代是阻力”。然而，他最好还是应该这样说：“前驱诗是阻力。”因为新诗篇产生（Befreiungen）于一种比里尔克所承认的还要集中的紧张感。历史对于里尔克乃是诞生得太早的人们的一种指标。但是，作为一名强者诗人的里尔克却不愿让自己知道，艺术是诞生得太晚的人们的指标。这不是艺术和社会之间的辩证法，而是艺术与艺术之间的辩证法，或者用兰克的话说，是艺术家对艺术展开的斗争。这种辩证法甚至也制约着里尔克——他活得比阻碍他的大多数力量更长一些，因为在他身上，“魔鬼化”这个修正比大大强过了 20 世纪的任何别的诗人。

爱默生打趣道：“魔鬼鬼鬼祟祟，一声不吱。”魔鬼在爱默生身上到处潜伏着，发出的声音还相当清楚。古人谈到魔鬼时，他们（如德莱顿）也指“那些因心灵之伟大而靠近上帝的人。因为，从一个天国的梦魇中得到诞生意味着拥有一种伟大而强有力的精神，而不是别的什么。这种精神远远超越了人类现世的软弱”。使一个人成为诗人的力量是魔鬼的力量，因为那是一种分布和分配的力量（这也是“魔鬼”一词的原始含义）。它分配我们的命运，分配我们的天赋，并在取走我们的命运和天赋后留下的空缺里塞进它的货色。这种“分配”带来了秩序，传授了知识，在它所知道的地方造成混乱，赐予无知以创立另一种秩序。魔鬼通过打碎而创造（飞舞着的地板的大理石/打破了苦涩的郁结的愤怒）。但是，它们拥有的一切就是声音，而那也是诗人拥有的一切。

费西诺（Ficino）的魔鬼的存在是为了把行星上的声音取下来赋予弗西诺宠爱的人。这些魔鬼就是影响，它们从萨杜恩那里出发，到达下界的天才人物，赋予他们最丰富的悲哀之情。但是，也的确如此，强者诗人从来没有被魔鬼“拥有”。当他成长为强者时，他变成——并且就是——一个魔鬼，除非（或直到）他又转变为弱者。安格斯·弗莱彻曾经说：“拥有会引起整体的认同。”当新涌现出来的强者诗人转而反对前驱之“崇高”时，他就要经历一个“魔鬼化”过程，一个“逆崇高”过程，其功能就是暗示“前驱的相对虚弱”。当新人被魔鬼化后，其前驱则必然被凡人化。至此，一个新的大西洋便从新诗人转变了的存在中涌溢出来。

因为强者诗人的崇高不可能是读者的崇高，除非每个读者的生活本身也确确实实是崇高的化身。因此，逆崇高并不表现为对证实自己的能力的想象力的限制。在**这一**交流中，唯一可见的受到削弱或被溶化掉的客体乃是前驱的阔大的形象。心智则由于被推回到本身而欣喜万分。伯克（Burke）的崇高是读者的崇高：令人愉悦的恐怖，且带有马丁·普赖斯（Martin Price）所谓的“自我保存的逆强调”。伯克不愿意描写的东西使他的读者深感同情；他只需要看到最模糊不过的一点轮廓。在“魔鬼化”这一修正过程中，扩张了的诗的意识看到了清清楚楚的轮廓，并将已经完全付诸同情的东西收回再加以描写。然而，这种“描写”已经成了一种修正比，成了一种魔鬼眼中的景象——在这种景象里，**伟大的原作**继续保持伟大，但失去了独创性，进入了神秘世界，即其光辉的归宿地——魔鬼的势力范围。“魔鬼化”或逆崇高是两个骄子之间的战争：新生力量暂时领先。

作为一个“误读”论者，我想——如果可能的话——在这儿稍事停留，以便阐述一下，逆崇高是一种自在的状态，并不依赖消极神学。但是，“魔鬼化”必然要侵入神秘世界。关于这一修正比的任何说法都无法排除“神圣”这个概念。跟布莱克和惠特曼一样，每一位强者诗人也许都想说：拥有生命力的一切都是神圣的。但是布莱克和惠特曼已经被彻底“魔鬼化”了，因此已经失去了代表性。多数情况下，存在着一个能衬托出超自然光芒的背景。这个背景就是虚空——被诗人们自己“倒空”和疏远了的虚空。而超自然光芒的照射又把我们推回到神性的一切悲哀之中。

新人第一次领悟到神性预见力是当他感到**他的**前驱既是“完全的他

者”，又有一种震慑人的占有力的能量的时候。这种领悟——在早期阶段似乎是一种推测的天赋能力，而不是神性预见力——是独立于意志的，但又是完全有意识的。当自己是否已经成为“真正的自我”这种深刻的忧虑笼罩着心灵时，预卜本身早已拥有的那种光荣就成为忧喜交杂的现象。但是，这种光荣感——假如被证明是生活中的谬误——却是作为诗人的诗人所必不可少的，因为他必须通过否定想象力的全部人性而获取想象力。尼采对此做了精彩而恰当的论述：

> 假如他从他的毕生之所为中认真考虑人的终极无目的性，那么他自己的一切行为在他的眼中就成了虚度年华。但是，感到自己的自我像整个人性（不仅仅是个人）一样被荒废——就像我们看到自然界的鲜花被荒废掉一样——确是一种超越其他一切情感的情感。可是，谁又能做到这一点呢？毫无疑问，只有诗人，且诗人总是知道如何予以安慰。

否定前驱是永远不可能的，因为没有哪一位新人能够屈服于死亡本能——哪怕是暂时地屈服。由于诗的预见力倾向真正的永生，因此每一首诗都可以被认为是对可能的死亡的回避性举措。使人走过否定过程的道路是一种基本的行为——压抑的行为。在这种压抑行为中，人们仍然在希望，人生仍然具有目的性，但是在他的头脑中已经否认了对希望或目的的任何追求。“否定仅仅有助于破解压抑感的一个后果——涉及这一意象的主题无法进入意识。其结果是在理智上对被压抑物的某种接受和承认，虽然在根本上压抑还继续存在。”弗洛伊德的这一论断和“魔鬼化”截然相反，标志着没有任何一位强者诗人能容许自己接受的又一限止。

使新人成为强者诗人的“那个魔鬼”到底是什么呢？任何不愿否定的意识都不能和现实原则并存。但是，死亡的必然性不会容许自己被无限期地回避，而人缺少了压抑也就不成其为人，不管被压抑者做出何等强烈的反应。补偿的法则——爱默生所谓的“付出零得到零”法则——连诗人都能感受到，虽然在短暂的瞬间他们是真正的解放之神。不管这“精神”是什么，都不可能存在多种形式的“精神”的悖理性。而为人们所回避的压抑只能产生另一种压抑。在诗人身上，“魔鬼”是不能跟影响的焦虑截然分开的。而这正是不折不扣的同一性，而不只是什么相似性。读者对崇高的恐惧和处于崇高之中的恐惧正好相当于每一位启蒙运动后的强者诗人对逆崇高的焦虑和处于逆崇高中的焦虑。

美国式崇高（总是一种逆崇高）的空前绝后的预言家爱默生一定会对我们的悲观哀叹（“不管怎么说，还存在着死亡的宇宙，我们的世界”）提出最精彩的抗议：“被你们称为世界的那一切乃是你们自身这种物质——思想力量的永恒创造——的一个影子，是依赖你们的意志以及不依赖你们的意志的所有一切的一个影子……你们以为我是我的环境的产儿——我创造了我的环境。”研究“误读”的人必定会带着对爱默生的敬爱之情而回答：“是啊，是啊，你是创造了你的环境。但是，如果这种环境是诗人的姿态，并且正被前驱们的至今仍具有活力的环境包围，那么你的物质的影子将会和一个更伟大的‘影子’交汇和混合。”雪莱曾经以他特有的英国式口吻说过这样一段与爱默生相反的话：

> 一个伟大的诗人乃是大自然的一件杰作。另一位诗人理应研究这件杰作，也必须研究这件杰作。他也许可以用他的睿智轻易地做出决定：他的心智不应该再是看得见的宇宙中的一切可爱的事物的一面反射镜，就像应从他的观照中排除掉一个当代伟大诗人作品中的美。对于最伟大的诗人之外的任何人来说，假装这样做都会显得太傲慢。其作用——即使对于他本人——也是牵强的、不自然的、没有效果的。一个诗人乃是改变他人本性的那些内在力量的集合产物，亦是能激起和保持这种内在力量的外在影响的集合产物。他不是这两种力量之一，他是这两种力量的集中体现。在这方面，每一个人的思想都受到自然的和艺术的一切客体的影响，并被它们改变，受到一切他允许作用于他自己的意识的语词和暗示的影响，并被它们改变。它是一面镜子，在这面镜子里，一切形式都得到反映，并且在这面镜子里形成一个形式。诗人——与哲学家、画家、雕刻家和音乐家一样——在某种意义上是创造者，而在另一种意义上又都是他们所处的时代的造物。最伟大的人物也逃脱不了这条法则。

雪莱自己很清楚，他受制于（和任何人——甚至卢梭——一样）创造了他那个时代之精神的前驱者。以华兹华斯为踏板，自从写了《阿拉斯托》(*Alastor*)，他就成了一名强者诗人。他采用了一种新的探索性飞跃，一种向上的行动。但是在这种向上的行动过程中，“时代精神”却被向外向下抛了出去。雪莱的“魔鬼化”就是这种向上的堕落。雪莱比其他任何诗人（甚至里尔克）都更强烈地要求我们把他看成天使——追求完整性的魔鬼的同伙——中的一员。

保罗·德·曼在论宾斯万格时谈到过“可以被称为向上的堕落之想象的可能性”，以及随后的堕落过程——“紧跟着这种飞跃行动的堕落和沮丧的可能性”，或被我笼统地称为“克诺西斯”的现象。宾斯万格所谓的“verstiegenheit”（意为离心性，雅各布·尼德尔曼把这个词巧妙地译为“extravagance”，取其本义“超出限度的漫游”）被保罗·德·曼解释为一种独特的想象之危险。但是，我们可以把向上的堕落看作一个过程，而把“游荡”看作随后的一种状态，这样，两者就区别开了。加入前驱者的力量中，这使得新人感到受宠若惊，忘乎所以。他似乎得到了一种灵感，这种灵感使他飘飘然而上升到“游荡”这种无节制状态——“在人类学意义上是高度和宽度的关系上的一个失调”。这是走得过度了的人类的存在，是诗人特有的忧郁。对于宾斯万格来说，这种忧郁古怪的代表是易卜生的“索尔尼斯”（孤独）——但在我看来他很难配得上这么一个不成比例的概念。宾斯万格的结论如果倒过来读还是有用处的。他说过：只有依靠“外部援助”才能从“游荡”状态中被解救出来；就像登山者在悬崖边走得太远，没有外部援助就无法返回。让我们统一一下：从定义上说，一个作为诗人的强者诗人是不可能借助“外来援助”的，作为纯粹的诗人，“外部援助”会将他毁掉。被宾斯万格视为病态的乃是成名诗人的反常的健康状态和已经获得的崇高。

范登堡在一篇论述人类行为的意义的惊人的文章中提出了能够产生这种意义的三个领域：**场景、内在的自我、他人的一瞥**。假如我们在诗人的风度和姿态之意义上——就像我们一般地议论一个人一样——去寻找诗的行为的意义，这些领域就变成**陌生化、唯我主义、前驱者想象的**

一瞥。为了把前驱者的场景取为己用，新人必须使这一场景与自己更加陌生。为了达到比前驱者的自我更为内在的自我，诗人就必然变得更加唯我主义。为了回避前驱的想象中的一瞥，新人就试图将其局限在一个范围之内；但是，这种局限反而悖乎常理地扩大了前驱者那一瞥的规模，反而使得它简直难以回避。就像小孩子认为他的父母的目光能够拐过弯来看到他，新人感到有一种仿佛有魔力的目光紧盯着他的一举一动。向往的目光是友好的，或者可爱的。但是那令人惧怕的一瞥则表示对新人的不满，或使他显得没有资格得到最高级的爱，把他从诗的王国里异化出来。经过了无声的场景——或者是有声的场景，但构成场景的事物对前人说话不如对前驱者说话那样频繁和迫切——新人也懂得了日益增长的内在性的代价，更加远离了一切广延性的事物。这种损失与世界的关系是双向的，而不像前驱者那样感到一切事物都在向着他说话。

“魔鬼化”的挺进方向是“逆崇高”。这种“逆崇高”就是马尔库塞（Marcuse）和布朗（Brown）等后弗洛伊德主义活力论者在谈到弗洛伊德所谓的“被压抑者的回归”时所明显想表达的那种概念。雪莱（作为诗人，也许不是作为一个人）和所有其他强者诗人一样更加明白了——比任何现代诗人向我们显示的还要清楚——被压抑者是无法回归的，至少在诗歌里是无法回归的。为了获得任何一种“逆崇高”，所付出的代价都是比前驱的“崇高”更为巨大的压抑。“魔鬼化”旨在把前驱的威力扩大成一个比原有者更为广大的原则。但从实用角度看，这使得儿子更加魔鬼化而父亲更加凡人化。启蒙运动之后的一部诗的历史中，最隐晦的真理对我们这些凡夫俗子来说简直晦涩得令人咋舌，而尼采洋洋洒洒的辩证法也未能成功地遮掩我们为了学术的社会利益而试图回避的一个真相。我们每个人身上的魔鬼就是那个“迟来者”。盲眼的俄狄浦斯代表着人性的完整统一，使人们懂得人生并不能作为一种美学现象而获得充分理由——即使这人生的一切都献给了美的王国。在这里，直面真相的光荣属于叔本华，而不属于尼采。对于这一点，尼采无疑是知道的——即使在他的《悲剧的诞生》里，他也企图直截了当地反驳和压倒比他更为悲观的前驱。尼采是这样说的：难道还有谁会看不到，在叔本华对抒情诗的描述里，抒情诗是一种永远不会彻底实现的艺术？在叔本华眼里，一首真正的诗歌表现的是单纯的意愿与纯粹的沉思既混合又分离的心境。作为魔鬼之子的尼采雄辩地抗争道：努力追求着一己目的的个人只能是艺术的敌人，而不是艺术的源泉。尼采认为，一个人只是在下列意义上是艺术家：他摆脱了个人的意志，“并且已经变成中介，通过这中介，‘真正的主体’庆祝自己在幻觉中获得解脱”。弗洛伊德以他美丽的人道主义追随了早期尼采的严格限定的理想主义。但是时间已经证实了叔本华的更深刻的睿智。试想一下：“真正的主体”难道不就是“压抑”吗？自我并不是艺术的敌人，它是艺术的难兄难弟。艺术的“真正的主体”就是艺术的伟大的对手——深藏在“本我”之中的可怕的遮护天使。因为“本我”是一场不可实现的巨大的梦幻。尼采精辟地论述过：艺术的原罪是在低于天性的地方像植物一般生长着的一种**虚假的语言**。用不那么布莱克式的语言说就是：没有任何一位艺术家能够原谅他本身“作为诗人”的本源。

弗洛伊德关于压抑的观点强调：忘却绝不是一种解放的过程。每一位被遗忘的前驱者都变成了想象中的一位巨人。彻底的压抑可以是健康。但是，只有神仙才能做到彻底的压抑。每一位诗人都企望成为爱默生所谓的解放之神，但是愈来愈感到难以做到这一点。在基督教的视像中，我们的负罪感来自我们更高一级的天性或道德遗产的压抑。在弗洛伊德的视像中，我们的负罪感来自本能的受压抑，是较低级天性的狂吠。而在诗人的视像中，负罪感则来自被压抑的中间天性——在中间天性领域里，道德和本能狭路相逢且互相吸纳。“魔鬼化”以一种使前驱者失去个性的修正比开始，而以一种不甚肯定的胜利结束——将新人的中间地带或普遍人性拱手交给前驱者。在与前驱者的关系上，迟来者诗人强迫自己进入一个新的压抑状态——既是伦理上的又是本能上的压抑状态。弥尔顿之后英语诗中的疯狂的矛盾修辞语之一就是：弥尔顿跟他的后来者中的伟大人物如布莱克、华兹华斯、雪莱甚至济慈相比较，他似乎显得（也许确实是）摆脱了更多这种既是伦理上又是本能上的负罪感。

当雪莱将华兹华斯的《永生的了悟颂》重写为他的《理性美的颂歌》(*Hymn to Intellectual Beauty*)时，他所经历的“魔鬼化”过程给他带来的伦理和本能上的重负使他的写作计划无法贯彻——以雪莱那特有的毅力和机智精神亦无法贯彻。强者诗人的诗如果太露骨地重写前驱的诗则会流于“皈依诗”。而皈依绝不是一种美学现象——即使是阿波罗和酒神狄俄尼索斯之间的相互皈依也不例外。在这儿，记住尼采对其本人的核心思想之一的一段精彩的批驳将有所裨益：

> 当狄俄尼索斯状态之迷狂持续的时候，当生存的一切日常阻碍都暂时停顿的时候，这酒神状态还夹带着一种健忘的成分，个人所经历的一切都淹没在其中了。这条忘川把日常的现实和酒神状态隔离开来。但是，一旦日常现实重新进入人们的意识，就会引起人们的憎恶。其结果是产生了一种禁欲丧志的心情。

以这种观点看，一切“流入”都是一种损失，而迷狂付出的代价竟是一种在美学领域内无法容纳的情绪突变。为一位神祇命名之后，惠特曼转而滑入了憎恶的心情，使得任何命名都不可能发生：

> 哦！失败了，受挫了，屈身向地，
> 我为自己感到难受——我竟敢张开我的嘴，
> 我终于明白了：当我说出这么多的废话时——这些废话反过来又害了我自己——我从来就一点也不知道我是谁，我是什么。
> 但是，真正的“我”仍然屹立在我所有的傲慢的诗篇之前——从未触动过的我，从未谈及过的我，从未企及过的我……

如果我们再次从弗洛伊德的观点——传统“相当于个人精神生活中的被压抑物质”——出发，那么，“魔鬼化”的功能恰恰就是增强这种压抑，将前驱更彻底地吸入传统，甚至比他自己勇敢的个性化所允许的更为彻底。尼采称赞俄狄浦斯是狄俄尼索斯智慧的一个典范，因为他打破了“现今和未来的魅力，即僵硬的个性化法则”。但是，尼采在这儿使用的反讽很可能是非常辩证的。跟“过去”做殊死搏斗并使之“魔鬼化”的新人并不是双目**能够看得见的**预言者俄狄浦斯，而是被启示蒙蔽了双眼的盲目的俄狄浦斯。与其他一切将父辈神秘化的做法一样，“魔鬼化”也是一种退离自我而获得的个性化行为，它必以失去人性为高昂的代价。又有哪一种“崇高”能抵偿对自我施加的暴力呢？

盲目的俄狄浦斯相当于瘸腿的铁匠神——有时被称为锻炼神伏尔甘（Vulcan），有时被叫作雷神索尔（Thor），有时又被称为厄索那（Urthona）——因为使之盲目和使之瘸腿都是使想象功能不至于被彻底破坏的一种阉割行为。“魔鬼化”作为一种修正比，是一种自我削弱的行为，其目的是通过玩“丧失能力”的游戏而获取知识。但是，其结果往往是真的丧失了创作能力。这是一种虚假的狄俄尼索斯姿态，它把前驱得来不易的一切胜利交回到“魔鬼化”世界，从而削弱前驱者的人性光荣。尼采在对《悲剧的诞生》的批判性回顾中告诉我们的就是这一点。在那次批判性回顾里，尼采放弃了年轻时对这样一种世界的幻想——这世界“被创造成在任何时刻都似乎是对上帝本身的紧张状态的成功的**解除**，是伟大的受苦者——对于他，幻想是唯一可能的解脱方式——投射出的一个永远新鲜的幻景”。

弗洛伊德仁慈地把俄狄浦斯情结仅仅看作性格发展的一个阶段，此后即被作为假理性监督的“超我”替代。然而，没有哪一位作为诗人的诗人在经历了这样一个发展之后还能是个诗人。在想象中，俄狄浦斯阶段“向后发展”，使得“本我”更加丰满，却又更加不成熟。“魔鬼化”的信条是：“在我的诗的父亲之‘我’曾经存在的地方就应该有‘它’。”更确切一些说就是：“在我的诗的父亲之‘我’曾经存在的地方就应该有我之‘我’——更密切地和‘它’混合在一起。”这是对怀旧者进行研究的浪漫主义——令人回归原始的，对如此众多被光荣地陌生化了的情绪的梦想。使“魔鬼化”就是达到心理组织的先期阶段，在那个阶段一切具有激情的事物都是模糊不清的。但是，使“魔鬼化”在达到这个阶段的同时形成一种差别，这种差别使得诗歌创作成为可能，即获得一种双重意识的有意悖理性，它完全围绕着诗的存在价值进行：使一切已经过去的畸形化。

我名之为“魔鬼化”的是离“自发的侵略性”最远的现象。但是，

“魔鬼化”和“自发的侵略性”看上去却相似得令人生疑。谨慎的读者在仔细地阅读时会发现，许多凯歌开始显得像分别仪式。厌倦了的读者不禁生疑：真正的强者诗人除了“自我”和“自我”的最强前驱者之外是否还有过什么敌手？下面是柯林斯的一首召唤“恐惧”（Fear）的诗；然而，除了他自己以及弥尔顿，他还有什么可惧怕的呢？

你啊！向着你那未知的世界
　　携着它全部的影子形状展现了；
　　你看着，惊恐地看着，这虚假的景象，
而幻想把横亘于中的纱幕揭起：
　　啊，恐惧！啊，疯狂的恐惧！
　　我看到了，我看到你近在咫尺。
　　…………
乱伦的女王包裹在你云雾般的纱幕里，
　　她的叹息和哀声传到她的儿子和丈夫，
一旦孤独，这呼声就打破沉寂的场景，
　　而他，来自底比斯的无耻之徒，从此一去不复返。
　　…………
阴暗的力量，带着战栗着的逆来顺受的思想，
让你成为我的力量，让我读懂你的警世的诗人
为我们写出的古老的幻景：
把每一个奇异的故事都诚心当作真事吧，
这样你就不会看到我那支离破碎的世界……

在这儿，（正如弗莱彻所指出的）“恐惧”是柯林斯自身的魔鬼，是引导他走向“游荡”的向上堕落的疯狂，是超过了诗的迷狂的疯狂。在魔鬼面前，柯林斯彷徨于预言家俄狄浦斯和盲目的俄狄浦斯之间。他用弥尔顿笔下的“思维者”的语言把这位前驱者“魔鬼化”，把弥尔顿的恶毒的美放到只有“它”——“本我”才能居住的地方。可是，柯林斯付出了多么高昂的代价才达到这种不确定的迷狂状态，才达到这种云山雾罩的“崇高”啊！因为他的诗是一首记载着他自身对人性最深沉的压

抑的诗，它准确地预言了他本身命运的可怖的精神痛苦：不管他的天赋多么超卓，我们总记起约翰逊博士的话——“可怜的柯林斯”。

被我们称为“情感诗人”的迷狂或“灾难性平衡”的现象其实就是他们对这种危险的自卫机制——“魔鬼化”修正比的运用。情感的自然历史可被归结为任意地误读过分有意识的弥尔顿之后的诗歌。这种对影响的焦虑包容了那么多的18世纪中叶的“崇高”，以至我们不能不产生这样一个疑问：复活了的崇高是否真的不仅仅是对压抑感和对损失的悖乎常情的庆祝——仿佛通过不断地回溯和自我欺骗，“更少”就可以变成“更多”。然而，随着我们日益清醒，我们却把汤姆逊、柯林斯和库珀等人的崇高激情之外的更多东西置于危险的境地了。布莱克的“逆崇高”情况如何？华兹华斯的“逆崇高”又如何？浪漫主义幻象的一切“爱克斯塔西斯”（ekstasis，即最后超越），是否只是想象史上没有前例的压抑的一种强化呢？归根结底，浪漫主义是否只是启蒙运动的衰退？而其预言式的诗歌是否只是一种虚幻的疗法——与其说是一种拯救的虚构，还不如说是针对人们为了在本能的存在与一切伦理观之间获得中庸而付出的艰苦努力而创造出的无意识的谎言？

如果针对这些问题能找出任何答案的话，那么这些答案的辩证性将不亚于这些问题本身，也不亚于存在于我们自身中的“白痴提问者”——他悄悄地、恶作剧般地设计出了所有这些问题。最好还是记住我们的先祖亚伯拉罕在“惊人的大黑暗降临到他头上”时所见的景象，记住这位最尖辣的情感诗人被迫从这个景象中分辨出来的东西。“日落天黑，不料现出冒烟的炉，并烧着的火把，从那些肉块中经过。”克里斯托弗·斯马特（Christopher Smart）在这一片黑暗中第一个喊道：“这口火炉最终也要按照亚伯拉罕的先见升起。”接着，他被遮护天使的压抑性螫痛了，加上了一句更像祈祷词的预言：“‘阴影’是上帝的公正的‘福音’，直到炉火升起，它才会回归。”

第五章　“阿斯克西斯”或净化和唯我主义

上天赐予下界光明和影响，下界反射出天佑的光辉，即使它并不能报答其光辉。因此，人可能回归上帝，但无法报答上帝。

——柯勒律治

每一位强者诗人身上的普罗米修斯使他产生内疚，因为他吞下的正是前驱诗人身上包含的幼年狄俄尼索斯的那个部分。对于迟来者来说，俄耳甫斯教义仅仅是某一种类的升华，即抵制影响的焦虑的最真实的自卫机制，但是对诗人的自我最具破坏性。因为这一缘故，尼采尽管满怀敬爱之情承认苏格拉底为第一位升华大师，但也发现苏格拉底是悲剧的破坏者。倘若尼采能活到弗洛伊德的著作面世的时代，他或许会把弗洛伊德尊为“苏格拉底第二”，认为弗洛伊德为了复活（为生活与艺术之不可企及的对偶式满足感寻求一种理性替代物）这一首要理想而降生人世。

性本能的升华是否在诗歌的诞生过程中起着核心作用，这一点与诗的阅读并无多少关联，而且在误读的辩证法里毫无地位。但是，侵略性本能的升华在创作和阅读诗歌的过程中起着中心作用，且和诗的误读的整个过程几乎是一致的。诗的升华是一种“阿斯克西斯”现象——一种以孤独状态作为近似目标的净化方式。强者诗人陶醉在个人化了的“逆崇高”的新的压抑力量中，他在魔鬼式上升过程中就能够以他自己的能量去攻击自身，并以惊人的代价在与强大的死者的搏斗中获取最明显的胜利。

弗尼契尔秉承其鼻祖的精神，几乎是在为升华的光辉高唱凯歌。因为，根据弗洛伊德的观点，只有升华才能赋予我们一种从自身的性历史中解脱出来的思想。同样，也只有升华才能矫正一种本能的冲动而同时又不至于将其毁灭。尼采可能会这样论述，作为诗人的诗人尤其无法与持久的受挫或禁欲主义的苦行共存。如果他们从来没有以任何方式获得过快乐，那他们又怎样能够施与他人快乐呢？然而，如果他们必须通过前驱的主体和前驱的自我才能达到“真正的主体”和他们自己的“真正的自我”，他们又如何才能获得最深厚的快乐——一种在获得了优先权、获得了自我诞生和自主时的狂喜呢？

克尔恺郭尔以非常不利于俄耳甫斯的方式将其与亚伯拉罕做对照比较。他追随柏拉图的《会饮篇》，把诗人中的诗人指责为软弱。他所指的似乎是诗人无力升华。确实，要把俄耳甫斯树为苦行禁欲精神的样板也显得太荒唐离奇了。但是，俄耳甫斯教义——一切作为诗人的诗人的自然宗教——却以一种“阿斯克西斯”现象出现在我们面前。将“时间”膜拜为万物之源的俄耳甫斯信徒们还保留了对被泰坦吞噬而又从塞默勒（Semele）得到再生的酒神狄俄尼索斯的忠诚。这一神话的哀伤乃是：从罪孽深重的泰坦的灰烬里站立起来的人在其自身中既包含着邪恶的普罗米修斯精神，也包含着善良的狄俄尼索斯因素。所有诗的狂喜——诗人从凡夫俗子脱颖而出升入神性的全部意义——归根结底还是这一则酸涩的神话。一切诗人的禁欲主义也是如此——这种学说的出发点是阴暗的灵魂转世说以及伴随着的对自我的前一版本之被吞噬的恐惧。

新人在通过对自身的修正模式的净化而改变自身时，他的前驱是每一位俄耳甫斯神秘教的得真传者——在泥淖和饭食中打滚，从凡夫俗子的苦恼泥淖中脱身。对于俄耳甫斯神秘教来说，沦为重复强制的牺牲品乃是最终的失败，一如在冥河里用竹筛打水。西方诗人感到的任何形式的可恼的排他性，究其根本，都是源于俄耳甫斯式的。但是，从品达直到现代的每一种诗的崇高不也都归结到俄耳甫斯式本源吗？受折磨的诗人的极端憎恶情绪对于他来说是不能同他的崇高性截然分开的。但是，读者中很少有人具有诗人那样的对偶意识。诗人是肩负解放使命的神，他们的怀古愁思的强烈程度超过了他们的神性。尼采堪称心理学大师，因为他看出诗人的狄俄尼索斯自欺的强烈程度远远超出他们身上同时体现出来的我们普遍具有的普罗米修斯式内疚。

创作（而不是心理发生学）的哲学必然是一种关于想象的谱系学，其研究对象是仅与诗人有关的一种内疚，即受恩未报的负债感。尼采是研究这种内疚的真正的心理学家，也许这种内疚乃是他“意志”的概念所关涉的核心问题。与其说这种意志力是权力欲，倒不如说它是他身上产生的一种逆意志，寻求的不是力量，而是他的老师叔本华曾经追求过的那种超然之态。虽然尼采对“超然”已经做了重新估计，但他始终未能摆脱它的纠缠。

尼采说：“在人的最早期历史中也许没有比他的记忆力更可怕的东西了。”因为人的洞察力使他把记忆中的每一个创造都和令人憎厌的痛苦联系了起来。每一种风俗习惯（我们可以设想也包括诗歌传统）“都是一系列占有他物的过程，包括每个过程中使用的阻力，是为了自卫或反应而进行的改造努力，也是成功的反击的产物”。在《道德的谱系》中，坏的良知的疾病被诊断为是必要的，被归结为人类创造神祇的过程中的一个阶段。尼采对“活着的人和他们的前辈的关系”的描写，与维柯较为温和的关于我们的想象之根源的“严峻的诗”相比，要可怕得多。祖先的牺牲和成就是初民社会赖以存活的唯一保证，因此后者须报答死者：

> 对祖先及其力量的恐惧以及一种知恩未报感随着部落本身的强大和日益发展而成正比地增强……我们到达了这样一种境界：最强大的部落的祖先在人们想象中变得如此令人恐惧，终于他们退隐到一个神秘的影子里——祖先变成了神祇。

尼采坚持认为，对这一神秘影子的还报的一部分就是禁欲主义理想。这对于艺术家就是："要不一无所有，要不就是太多。"针对禁欲主义理想，尼采提出了"对偶理想"。他声嘶力竭地问道："我们到哪儿去找一种执行对偶理想的对偶意志呢?"对于这个问题，叶芝做出了部分答复，这体现在从《静静的月色》开始的他的诗歌写作生涯里。也许，和尼采之后的别的诗人相比较，叶芝做出的回答要更完整一些（尽管仍然是不完满的），不过后来出现了一种奇怪的、颠倒了的苦行主义理想模式，遮蔽了他的《最后的诗和戏剧》的光芒。

把巅峰状态的诗歌视为我们本能侵略性的升华并不是一件格外令人愉快的事，这好比把品达写的颂歌与洛伦兹描写鹅队的凯歌归为同一种诗歌类别。但是，柏拉图主义者、基督徒、尼采的信徒或者弗洛伊德主义者都会赞成把诗人们所谓的"净涤炼狱"称为某种形式的升华或行之有效的"自我防卫"。既然弗洛伊德对升华的说法是最具有还原意味的，我们在这里循此走一遭定会有所裨益。升华中的自卫机制是五花八门的：从被动性转化为主动性，直接面对危险的力量和冲动，把这些力量转化为其对立面，等等。让我们引用弗尼契尔的一句话："在升华中，原有的冲动消失了，因为它的能量被抽调来用于对它的替代物的精神专注。"力比多不受干扰地继续奔流，然而，它的性的内容已经被抽去了。在我们精力和欲望的具有侵略性的潮流里，破坏性的倾向已经被排除。

弗洛伊德在《自我和本我》中提出：升华是与自居心理密切相关的。而这种自居心理本身依赖于对目标或客体的歪曲，甚至会将目标或客体转变到其对立面。如果我们把弗洛伊德的这一推测转放到我们的回避类型学（typology of evasions）中来观察，那么升华就变成了一种"阿斯克西斯"模式——以同时削弱前驱和新人的创造环境为代价而企图取得转变的一种自我削弱行为。诗人的"阿斯克西斯"过程的最终结果是形成一个想象力的"超我"，一种充分发育了的、比良知更严厉的"诗的意志"，亦即每一个强者诗人身上的"乌里森"——完全内在化了的侵略性。

罗·安德列斯·莎乐美在我们的记忆中既是尼采和里尔克的情人，又是弗洛伊德的信徒。当她发现升华实质上是我们的自我实现，而且最好将之称为自我的“精雕细琢”（elaboration）时，她又去追随她的另一位著名的情人——悲伤的陶斯克（Tausk）。在精心雕制我们的自我时，我们变成了普罗米修斯和纳齐苏斯（Narcissus）的两位一体。更确切地说，只有真正的强者诗人才能不断地保持这种两位一体的身份，创造出自己的文化，并全神贯注地观照着他自己在这一文化中所占据的中心地位。但是，为达到这种境界，他必须做出牺牲，因为每种通过回避而进行的创造——每一个迟来者的创造——都必须有牺牲。康福德（Cornford）在《知识原理》一书中讨论过这种奇特的现象：“在赫西俄德的笔下，当普罗米修斯从宙斯那里骗去宙斯的心爱之物时，人类第一次与牺牲联系了起来；似乎对神祇的进献和牺牲（如巴比伦的学说所述）是人类的第一功能。在《创世记》里也是如此，我们的始祖被从伊甸园逐出之后犯下的第一个罪行就是由亚伯和该隐奉献牺牲品引起的。”康福德由是得出结论：所有的牺牲都旨在更新人的活力。在诗的误读过程中，牺牲削弱了人的活力，因为在这儿“少一点”就是“多一点”。虽然我们几乎从西方诗歌刚诞生时就开始将其理想化（对此，诗人们了解得更清楚），但写诗和读诗都是做出牺牲的过程，是一种排出多于补充的净化过程。每一首诗都不仅仅是对另一首诗的回避，也是对这首诗本身的回避。换句话说，每一首诗都是对它曾经有可能成为的另一首诗的误释。

柏拉图说过，神祇是无法贿赂的。因此，牺牲无法赢得感激并换来天赋（礼物）。柏拉图在其《斐多篇》中为哲人之灵魂提出了更真实的净化方式：“净化……就是把灵魂尽可能地与肉体分离开……使其关注自身。”这种激进的二元论不能成为诗的灵魂的“阿斯克西斯”，因为在这个地方，分离必须发生在灵魂自身之中。内在化是诗人的分离方式。他们并不希望灵魂从其自身中异化出来，但这是离间一切前驱连同他们的世界的努力所必然会产生的结果，而这实际上意味着把诗本身也离间了。生活的谬误是生活的必要，诗的谬误则是诗的必要。

诗的“阿斯克西斯”现象发轫于“逆崇高”的高潮，补偿了诗人对自己的魔鬼式扩张所感觉到的不自觉震惊。倘若没有“阿斯克西斯”，那么诸如史蒂文斯这样的强者诗人也注定要成为亡魂之王——兔子。

青草充满了，
充满了你自身。周围的树木在为你而生长，
黑夜的整个寥廓为了你而存在，
一个横跨四面八方的自我

你变成了充斥黑夜之四角落的一个自我。

努力加餐，加餐努力，诗人将成为空间的一尊雕像，除非他能够**在不进一步倾倒他的灵感的**情况下使自己受到损伤。他已经无法再经受一次新的“克诺西斯”了。对于他，某些有效的放弃现今也成了一种缩削，牺牲了他自身的一个部分。而牺牲这一部分会使他作为诗人更加具有个性。作为一种对影响的焦虑的有效自卫，“阿斯克西斯”对诗人的自我提出了一种新的缩削——它的最普遍的表现方式是一种净化涤罪式的自盲，或至少是蒙上一层纱幕。其他自我以及所有的外在的现实都显得渺小了，直到再次出现一种新型的严厉——它那新的修辞重点可以被理解为某种程度的唯我主义。

强者诗人，和唯我论者一样，其**意图**是正确的，因为这种“以我为中心”本身就是对想象力的一项主要训练。对于启蒙主义后的强者诗人来说，“净化”总是矛盾修辞式的净化，而不仅仅是一种痛苦。因为，圆周的每一步紧缩，都为一个诗的幻想（是一种幻觉，却又是一首强者的诗）所补偿，这样，其圆心反而更觉稳固。对于柯勒律治（作为哲学家而不是诗人的柯勒律治）所谓的“向外性”——以神祇为中心的对外在物和其他现象的制裁，作为诗人的强者诗人是兴味索然的。我在此特提出这样一项暗示（我本人对此并不喜欢）：在其涤罪性的“阿斯克西斯”中，强者诗人只知道有自己以及他最终必须摧毁的“他者”，即他的前驱者——至今恐怕已是一个想象中的或复合的形象了，但是，那些使人难以忘却的过去真正的诗篇使他仍然存续了下来。因为“克里纳门”和“苔瑟拉”的目的在于纠正和续完已逝者，“克诺西斯”和“魔鬼化”努力压抑对已逝者的记忆，而“阿斯克西斯”是竞争本身——与已逝者的殊死搏斗。

然而，假如我们对以往的升华理论做一历史性的考察，除了与一切前驱者的斗争之外，我们还能希望发现什么呢？如果一切自我发展都是一种升华过程，也就是说仅仅是一种精雕细琢的话，我们还能希望这样的精雕细琢无休止地延续下去吗？我们能承受得了多少这种精雕细琢呢？实际上，我们希望——却又同样强烈地不愿意——打乱我们赖以生存的思想秩序。但是，我们（包括我本人和我为之写这本书的人）不是诗人，只是读者。难道一个真正的强者诗人能忍受永远只为另一位享有优先权的诗人做一辈子的精雕细琢吗？

但是，在大洪水之前曾经存在过这样一个伟大时代。在那个时代里，影响是慷慨的（或诗人在内心深处认为它是慷慨的）。那是从荷马一直延伸到莎士比亚的整整一个时代。在这个慷慨的影响矩阵的中心是但丁以及他与维吉尔的关系。维吉尔只是推动他的新人去爱，去模仿，却并不使他焦虑。是的，是这样的，在维吉尔和但丁之间虽然没有降下什么阴影，却还是有别的什么东西。约翰·弗雷切罗（John Freccero）很精彩地阐述了这种伟大的升华——那是强者诗人所经历的所有“阿斯克西斯”的先声：

> 在《炼狱篇》的第二十七曲里，朝拜者与斯塔提乌斯和维吉尔跨过火之墙，遇见了天使。然后是各种传统性的老生常谈，包括许多父子对话、大墙、屏障以及你能想象得出的一切古代和中世纪主题的回声。这也是维吉尔从诗篇中消失而代之以贝亚特里齐的转折点。但是，人们通常没有注意到，这也是维吉尔的回声出现最频密的时刻——包括全诗中唯一的直接引用维吉尔诗文（用拉丁文）之处。这一切都被有意地扭曲了。一开始时是迦太基国王狄多的话。她看到伊尼斯时回想起了在遥远的过去她对丈夫的感情，由是预见了自己将被焚烧而死：“经历真正的火焰。”但丁在《炼狱篇》里用这句诗来回忆他对贝亚特里齐的初恋。当她回来时，“我感到了过

去的爱情火焰的象征”。接下来，天使们唱起欢迎贝亚特里齐的歌：“让白昼充满美丽的百合花……”而这一句歌词原来是特洛伊王子安喀塞斯在“你将前行”一段中用以指奥古斯都的儿子夭折的阴影的，象征着最终的消亡——虽然罗马是永存的。学者们认为，这里指的是早晨的紫红色的百合花。而《炼狱篇》中所暗示的很明显是象征复活的白色百合花。面对着声势浩大的回归，朝拜者向维吉尔求助，但发现仁慈的父亲已经不见了。“维吉尔，维吉尔，维吉尔”——这句呼喊语直接模仿了维吉尔在《农事诗集》第四卷中关于俄耳甫斯的故事。在那则故事里，维吉尔承认诗歌的无力，让俄耳甫斯呼唤其妻：“欧律狄克，欧律狄克，欧律狄克。”就这样，狄多的隐蔽的爱欲厄洛斯被改变了——通过对贝亚特里齐的归来这一追忆式补偿改变。政治秩序的永恒性最终与复活中体现出来的人的不朽性相对应。诗的力量超过了“死亡”。朝圣者的姓名第一次——借贝亚特里齐之口——被直接叫出：“但丁！”

——摘自给作者的一封信

尽管如此，这种净化后的命名也只是这儿保留下来的最后一点祖宗的成分了。因为每一位启蒙运动之后的大师都向着“自在”（being-with-oneself）迈进，而不像但丁在这个伟大时刻之后那样走向“分享”（sharing-with-others）。让我们考察一下六位有代表性的现代诗人：华兹华斯、济慈、勃朗宁、惠特曼、叶芝和史蒂文斯。他们的“阿斯克西斯”必然是接近唯我主义边缘的一种修正比。让我把他们一对对地列举吧：华兹华斯和济慈，勃朗宁和叶芝，惠特曼和史蒂文斯。在每一对中，前者既是后者的前驱，又和后者共享另一位前驱——被共享的三位前驱分别是弥尔顿、雪莱和爱默生。

先读一下华兹华斯的《格拉斯米尔的家》的伟大片段吧：

我还只是一个天真无邪的孩子
我的心中充满了柔情。
在野性的欲望和盲目的爱
未开化的本能骚动

我深深地呼吸（这一点我记得比较清楚）。
我的欢乐，我的意气风发。
那时候，没有别的事更受我欢迎，
没有任何诱惑力能够企及
哪怕是一半——比起那激励我投身
勇敢的事业者，深邃的湖泊，参天的大树，
黑洞洞的深渊，令人目眩的悬崖，以及
岌岌可危的高塔：我喜欢挺直身子
去瞻仰它们的令人却步的巍然风姿——我瞻仰他们，
  但我并不屈服——
有时候用行动，更多用思想。
随着阵阵冲动——其力量连上面提到的湖树渊崖也难
  出其右——我听到了
勇敢地面对（甚至寻找）危险；那是单枪匹马以信心
去完成的孤独的事业，或者由几位毅力刚强者
为了荣誉而用双拳去力敌万夫。
但是，至今我还不忍卒读两艘勇敢的战舰的搏斗——
殊死搏斗的故事；然而，我对此的乐趣
超出了智者应感到的乐趣。我希望，
我烦恼，我愤激，我奋斗——那里有我的灵魂。
但是大自然已经将我驯服，大自然要求我寻觅
其他的忧虑，要不然就保持安静。
大自然对我像对待一条湍急的流水——
激流像高山的婴儿，大自然带领他穿过静静的芳草地
  流域；这已经是在他明白了自身的力量，
感到了胜利喜悦的时候。
他拼命冲过惊险而令人狂喜的湍流。
这是大自然悄悄地完成的事业，
都得到了理性的承认，她以深思熟虑的口气说：

温柔一点，流向温柔乡中，
那儿有你的光荣和幸福。
不要害怕（虽然你向我悄悄坦白过）缺少原有的
雄心壮志——不怕血战仇敌，不怕赢得胜利。
跳跃阻碍，到黑暗中去探索，
一切燃起赤子之心的感情——爱情，
期望，藐视，永不放弃的求索——
应该继续生存——虽然更换了场所，但一切
应该生存；它们没有死亡的权利。
再见吧，勇士的阴谋；再见吧，
鲁莽的灵魂——它斜睨着比寻求自由的危险事业
　稳定一些的道理。
再见吧，那另一个希望——我久藏心中的希望
——以缪斯的呼吸吹奏出英勇的号角的希望。

这一“阿斯克西斯”产生的是一位本可能比后来的华兹华斯更加伟大的诗人。他本来也许会成为一个更加外向化的创作者，他的创作主体可能会超越他自身的主体性。一种巨大的限制力使得华兹华斯降格成了现代诗歌的创始人。西方诗歌经历了从荷马直至弥尔顿的漫长时期，本来可以迎来一个诗意想象力得到巨大升华的光辉灿烂的大时代。但是，“阿斯克西斯”的巨大限制力和缩削功能却为我们送来了浪漫主义。它带着暗淡的色彩降临了。华兹华斯处于不利的地位，他需要歌颂的不仅仅是性欲的割除，更是一种真正的损失——损失“一切燃起赤子之心的感情——爱情，期望，藐视，永不放弃的求索”。他的信仰是：所有这一切“应该继续生存——虽然更换了场所，但一切/应该生存”。然而，不久他的诗就不会再保持这种信仰了。

在《格拉斯米尔的家》中，在这个片段的下一节（即最后一节）里，华兹华斯对这种升华做了可以想见的补偿。这一节后来成为《郊游》一诗的著名的“简介”。在这里，“阿斯克西斯”得到了完全的表现，既是弥尔顿的缩削，又是华兹华斯的缩削。在这里，庞然大物般的

强者诗人华兹华斯的焦虑也得到了表达：

……我的歌
会散发出它那星光闪烁般的美德，
释放出善良的影响，使它自己
不蒙受任何恶的影响——
来自弥漫于下层世界的
突变的影响！

在两年之后写成的献给弥尔顿的十四行诗中，对前驱的描写就像华兹华斯在这里看到的他自己：

你的灵魂就像一颗星，远远地在那方：
你发出的声音就像大海般无边；
像一尘不染的天空那样纯洁，庄严，自由……

这段祈祷要成为一种影响，而不是被影响。前驱之被称赞是因为他**曾经处于**诗人现在**所处**的状态。新人自身的纯粹的孤立现在也成了弥尔顿的孤立。而当他战胜弥尔顿时，他声称已经战胜了他自己。华兹华斯的艺术在于让读者相信：与外在的自我和自然建立关系仍然是可能的。他是使别的自我和每一种自然**与他自己**离间开来的大师。这位大师只医治他自己造成的创伤。

过了不到 20 年的时间，济慈也与一个非常类似的炼狱式的重负进行了搏斗。这个重负就是使“永不放弃的求索”内在化而获得升华的必要性。尽管这种升华还能使弥尔顿幻想出一场天国之战，但是济慈的“阿斯克西斯”更为剧烈。因为他的“遮护天使”是弥尔顿**加上**华兹华斯双人组。在济慈身上，净化是完全敞露的，且成了《赫披里昂之沉沦》（*The Fall of Hyperion*）的核心，他的缪斯蒙尼塔直面诗人：

……“假如你不能够攀上
这些台阶，那就死在现在那块大理石级上吧。
你的肉体——寻常泥土的近亲——
将由于营养不良而憔悴——而你的骨架

在几年之内亦会枯萎而消失——使得
最锐利的眼力也无法寻找出
现在正静坐在冰冷的人行道上的你的任何一点痕迹。
在这个钟点内，你的生命之沙粒将会漏尽，
宇宙间没有哪一只手能够翻转
你的计时沙漏——假如在你能登上这几步不朽的台阶
　之前，
这些黏结的树叶已被烧光。”
我听着，我看着，两种感官同时发挥功能，
这么的美，如此微妙——我感到了
那严重的威胁和严峻的任务的不可一世。
漫长无边的劳苦，树叶还在
燃烧——突然间，一种颤抖着的冷慄
从铺好的路面径直击向我的肢体，
并且迅速上升，将其寒冷的魔爪
扼住喉头边搏动着的血管！
我尖叫着，那极度的痛苦
刺痛了我自己的耳朵——我拼命挣扎着逃脱
那麻痹，挣扎着想登上最低的那级台阶。
我的脚步缓慢，沉重得像死人一样：寒冷
使我窒息，使我沉闷——在我心中。
当我双手握在一起时，我竟感觉不到它们的存在。
在死亡前的一分钟，我的冰住了的脚终于碰到了
那最低的楼梯。而就在这接触的一刹那，生命似乎突然狂
　泻进我的脚趾……

在这里，被升华了的乃是自莎士比亚以来感官想象之最完整的范例。在此处结束的则是济慈的诗歌，虽然诗人本身在放弃续完这一伟大片段之后还活了一年零几个月。毫无疑问，他肉体的疾病是这一幻象得以升起的基础。但是，我们有必要问一下：从诗的角度看，差一点把济

慈给毁了的“麻痹”到底是什么？在这里，“阿斯克西斯”并不是**关于感官**的，而是**关于济慈对于感官的信念的**——这种信念如此崇高，在人文主义诗歌里竟无能与之匹敌者。然而，这一信念虽然植根于济慈本人的气质，其源泉却来自青年弥尔顿及其对人类的潜力的一元论梦想——文艺复兴的最后的崇高，亦来自青年华兹华斯对法国大革命的憧憬。如果济慈把这一信念从他自身中清洗出去，那么他同时也就从他的“伟大的原作者”的早期光辉中清除了这一信念。作为成熟了的（或已被毁了的）人，他们经历了各自的净化，但仍然保留了早期的幻想。济慈为他俩做了他们自己不忍心做的事：他对精神层面所产生过的最深刻最动人的自然主义幻想提出了疑问。在对它们——同时也对他的最佳自我——提出疑问之后，他被赐予了对他自己的最后的幻象，伫立在终极孤立的光辉之中：

既无后盾又无支援，
只有我自己虚弱的必死，我承负着
这永恒寂静的重。

《赫披里昂之沉沦》的凝重风格和无可挑剔的文采均来自济慈型的“阿斯克西斯”——一种几乎补偿了这个苦涩的修正比的人道主义慰藉。对于没有达到如此和谐的布局的诗人，这种补偿也就享受不到了。勃朗宁和叶芝都是依赖雪莱的继承人（根据叶芝的自白，勃朗宁也是对他的“危险的影响”）。当成为完全成熟的诗人时，他们进行了一次大幅度的自我缩削。勃朗宁的升华赋予他特有的那种戏剧独白，并随之产生了他那英语文学中超群绝伦的噩梦艺术：

XXV
接着是一小块收割过的田地，原来是一片树林，
然后是一块（也许原来是）沼泽，现在却只是块空地
——绝望而被削平了的空地；（傻瓜就这样取乐，
制造出一个东西又把它搞脏，直到他的情绪
起了变化，然后他就溜掉！）在四分之一英亩大的地里——

泥淖，黏土，碎石，沙子，彻底的黑色的贫瘠。

XXVI

一会儿是几块褪了色的痛苦的回忆，色彩愉快而阴沉，
　　一会儿又是小块的贫瘠土地上
　　绽出一些像苔藓或疮疖一样的东西；
接着出现了一棵麻木了的橡树，树身上的一条裂缝
　像一张扭曲的大嘴——连嘴唇都张得裂开了，
　　对着死亡张大着，在闭合上的一瞬间死去。

XXVII

离终点总是那么远一点距离！
　　远处一无所有，只剩下暮色苍茫；没有任何东西
　　为我指出前路！这样想着的时候，
一只黑色大鸟——魔鬼的密友——
滑翔而过，它那飞龙似的张开的双翅一点不拍动。
　　擦过我的帽檐——也许这真是我寻找的向导。

XXVIII

抬头仰望，我开始有点明白了
　　虽然有漫天飞尘，平原已经彻底地
　　让位于山脉——以那样动听的名称
去装点那溜进视野的不屑一顾的丑陋的高峰和土堆。
它们又是怎么使我大吃一惊的呢？——你来回答吧！
　　至于怎样从它们那里获取点什么——连我也不清楚。

XXIX

但是，对于发生在我身上的恶作剧的某些奥妙
　　我似乎也明白了一半。在何时明白的？——

谁也不知道，也许在一场噩梦中。到此为止，
结束了前进。正当要放弃希望的时刻，
我又听到了咔嚓一声，就像一口陷阱关上了门——
你已经陷入兽笼！

XXX

突然，烈火般地使我惊醒，
这就是那个地方！右边两座小山，
佝偻成两头缠住了角的斗牛；
而在左边，一座高高的光秃秃的山……傻乎乎的，
老态龙钟地正在打瞌睡。
它已经走完了一生——一生就是为了练就这一副
嘴脸！

XXXI

除了那高高的塔，中间还能有什么？
圆圆的矮塔楼，跟傻瓜的心一样盲目，
用褐色石料建成，在整个世界上
也难找类似物。暴风雨的淘气的小精灵
把船夫指向那看不清的暗礁——那时刻
船刚起锚，却撞了礁。

为什么称其为“阿斯克西斯”的产物呢？换句话说，为什么说在这儿找到了跟叶芝的《得了安慰的卡丘林》（*Cuchulain Comforted*）同样的原因？——在那首诗里，主人公接受他在来世中的地位，即懦夫社团中的一员。“是诗人而不是老实人。”帕斯卡说得好。修正前驱就是编造谎言——针对的不是生命存在，而是时间。而“阿斯克西斯”恰恰就是针对时间真理的谎言——在时间里，新人希望取得自主，那已被时间玷污了、被“他者”破坏了的“自主”。

雪莱是把勃朗宁和叶芝领入诗坛的人，引领的方法是为他们树立了

一个自我消耗的自主的榜样，一个能为他们带来自我诞生的希望的唯一的求索的榜样。勃朗宁和叶芝后来都为雪莱《诗辩》中的道德预言所困扰。因为雪莱在文中写道：不管诗人作为普通人犯了多大错误，他们都已经历了时间这中介者和拯救者的血的洗礼。这是俄耳甫斯神秘教的信念。就该信念的纯正性要求而言，勃朗宁和叶芝都不够强，不足以生和死。雪莱的俄耳甫斯是“阿拉斯托”的诗人。他目睹“幻想”和“爱情”的离去而大声疾呼：“睡眠和死亡/不会把我们永久分开!”勃朗宁和叶芝必须从这种对破灭了的求索的毫不追悔和怨恨中救赎他们自己。因为他们的诗人父亲的想象纯洁是没有哪一位后人能够持存的。

当查尔德·罗兰（Childe Roland）竟毕生之力做准备之后，却要直到“黑塔”压到眼前才能认出它；当卡丘林心安理得地缝制裹尸布然后再与他的对手们——一帮注定的懦夫和叛徒（像罗兰失去的求索伙伴们）——一起歌唱的时候，我们看到的是一幅幅“阿斯克西斯”寓意画——一位完全不可腐蚀的想象中的英雄的儿子们要付出的可怕的代价的寓意画。雪莱身上最令人恐惧的乃是他的俄耳甫斯式的完整性——一种不能忍受妥协的精神的爽直。然而，如果缺少了这种妥协，社会存在以至自然界的生命也就根本不可能了。勃朗宁沉浸于古怪，叶芝醉心于兽性，而这两者都是他们的前驱者的准神化的英雄主义——他那惊人的对“绝对”的偏执——的升华。但是，与伟大人物如华兹华斯和济慈的升华相比，在这些缩削现象里我们更不容易看出，较之具体得多的收益，损失竟然也不少。

弗洛伊德的升华概念是定量的，总在暗示着一个上限，超过了这个上限，本能的冲动就要起而造反。作为一种修正比的“阿斯克西斯”也是定量的，因为诗人的炼狱很少会成为一个人口稠密的地方。那里的居民只包括诗人和他的缪斯，甚至缪斯还经常失踪。罗兰和卡丘林是只有通过失败的二律背后现象才懂得什么是失败的英勇探索者，是独来独往的天马。只有一小撮失败者、叛徒和懦夫会和他打交道，而他们的出现证明了英雄们自身极大力量中一切模棱两可的成分。但是，查尔德·罗兰和他的前驱们之间的差别以及卡丘林和他的安慰者之间的差别在于：

只有英雄的净化才是“阿斯克西斯”，才是一条通向自由——有意义的行动——的大道。

勃朗宁的独白，就像叶芝的幻想抒情诗，乃是一种回避行为，因而是俄耳甫斯式诗歌的缩削，是雪莱式预言的号角。美国的强者诗人的“阿斯克西斯”强调的是这一过程的最终目的——自持的孤独，而不是过程本身。弥尔顿和华兹华斯的共同影响创造了启蒙运动后的英语诗的精神气质。他俩都使自己巨大的力量适应升华的需要。但是，真正的美国诗歌的伟大鼻祖则不然。在爱默生身上，心智的力量和视觉的力量竭力合成一体，从而使“阿斯克西斯”成为不可能：

> 在阳光下，把它们的形象刻画在视网膜上。同样，分享着整个宇宙的抱负的客体，趋于将其本质的更精巧的副本烙在人的心智里。如同事物变形为更高级的有机形式，它们变成了旋律。每一件物上都有它的魔鬼或灵魂。就像事物的形式为眼睛所映照，事物的灵魂则为旋律所映照。大海、山脉、尼亚加拉大瀑布以及每一只花盆都“先在”或者“超存在”于“超前旋律”里，犹如飘溢空中的香味。一个听觉灵敏的人从旁走过，他会无意中听到这些超前旋律并会努力把这些音符忠实地记录下来——既不淡化也不使之走样。
>
> ……这种领悟体现于所谓的“想象”，这是一种非常高级的领悟力。这种领悟力不靠学习研究而来，而靠偶然地到达某地和发现某物的灵性，靠同步地走上事物形态变异的圆周或直线运动，从而使这些事物清清楚楚地展现在眼前。

这就是美国式的崇高。这种崇高不会为了现实原则而放弃快乐原则，也不会同意以推迟兑现的方法来保护快乐原则。眼睛是全身器官中的霸主。大自然使弥尔顿摆脱了这个霸主，华兹华斯则使大自然摆脱了这个霸主。但是，在美国诗歌里，眼睛是一种强烈的激情和一整套纲领。在眼睛独霸一切的地方，“阿斯克西斯”——毫无缩削——倾向于把重点放在“自我”对别的“自我”的领悟上。我们的大诗人（包括爱默生、惠特曼、狄金森、弗罗斯特、史蒂文斯和克莱恩）的唯我主义被加强了，因为“眼睛”不想被净化。现实被还原为爱默生的“我”和

“非我”（我的身体和大自然），把其他一切全都排斥在外，除非前驱者已经变成了“我”的不可避免的成分。

在《过布鲁克林渡口》一诗中，在惠特曼看到“落日、涨潮的涌进和退潮的涌出”后，其“我”感到了宽慰——因为他的后来人也将像他那样看到他见到的一切。但是，他这首伟大的诗篇就像他的其他一切成功的作品一样，只是围绕着他那独立的自我，围绕着爱默生式的领悟——这与萨满教相距不远，而与对外部世界的观察没有多少关联。在惠特曼身上，爱默生式的孤立化加深了，眼睛变得更加霸道。而当眼睛的威力与太阳认同时，一种巨大的“阿斯克西斯”即告完成：

> 炫目的，了不起的，日出将很快把我杀死
> 如果我不能立即一劳永逸地从我身上驱走日出。
>
> 我们也像太阳一样升起，发出炫目的光，以惊人的力量，
> 我们在清静凉爽的黎明发现了——啊！天哪——一轮红日。
>
> 我的声音追逐着我的双眼无法看到的东西，
> 随着我的舌头的旋转，我将席卷大千世界和宇宙洪荒。

为什么把这种无限的扩展性称为“阿斯克西斯”呢？在爱默生的宏论里，被提出来升华的是什么？是什么样的缩削使得惠特曼的声音能领悟到他的眼睛看不到的事物？如果“不付出代价则一无所获”——如爱默生补偿理论所坚持的那样，那么在这个唯我主义的日出里，爱默生式的诗人补偿的是什么损失呢？这个损失就是爱默生所谓的“一次伟大的失败”（基督是这一“伟大失败”的典范）。爱默生又说：“我们要求胜利。”基督“干得很漂亮……但是后来者将干得更漂亮。心智需要更高地表现其品性，使之既适应感官，又适应灵魂；既是感官的成功，又是灵魂的成功”。惠特曼化身为太阳就是一次爱默生式的伟大“失败”，是一种包含了退潮的流入，是对即将到来的“中心诗人”的爱默生式预言的一种“阿斯克西斯”。

> 在遥远的“南方”，秋天的太阳正在驶过，

就像瓦尔特·惠特曼漫步在红红的海岸上。
他在歌唱，他在歌唱他的一个部分
——过去和未来的世界，死亡和白昼。
他唱道：没有什么到了终结。没有人看得到尽头。
他的胡须是火，他的歌谱就是跳跃着的火焰。

关于“阿斯克西斯”的讨论最终必须谈及史蒂文斯。他的作品就是由这个修正比制约着的。史蒂文斯有一种“肯定的狂热”，他抵制他自己严格的升华。他后悔没有当“一个更加严厉，/更加折磨人的大师”。但是，他根本不是精神上的苦行者，他很高兴去写像凤梨般的诗歌。他的第一激情是对爱默生和惠特曼的俄耳甫斯式的追求，对美国式崇高的追求。但是，影响的焦虑使他的激情畸形了，其结果是史蒂文斯形成了一种倾向性——他说话的简约连他自己都难以忍受。处在最佳时期的史蒂文斯下功夫“使可见的东西稍微不那么容易见到”，从而背叛了他自己的传统。但是，纵观他的全部诗作，孤独净化达到的程度之强连在爱默生、惠特曼和狄金森身上都未见过。史蒂文斯写道：“弗洛伊德的眼睛是观察潜能的显微镜。”史蒂文斯则比任何现代诗人更自然地以一个“心理人”的状态进行创作。史蒂文斯的升华就是对济慈式感伤的缩削，是对曾经听从蒙尼塔的“想到大地”的指令（但发现这种想法还不够）的心智的缩削：

还有什么能比明月走向深夜的路途
更加安静无声？
但是他的母亲的存在又回到他的胸膛并且大声呼喊。

又红又圆润的树叶带着
浓郁的夏日的红色香味，
但是他曾经爱过的她却冷冷地对待他那轻轻的抚爱。

如果地球被证实是包罗万象的终极，
即使它自给自足，

那又有什么好处呢?

在史蒂文斯身上，读者面对的整个浪漫主义传统的“阿斯克西斯”，是华兹华斯亦是济慈的“阿斯克西斯”，是爱默生亦是惠特曼的“阿斯克西斯”。在能及得上史蒂文斯一半的现代诗人中，谁也不会选择这么大的自我缩削，谁也不会以一个迟来者的名义去牺牲掉那么多的本能的冲动。弗洛伊德在反省自身时最后得出结论：是焦虑产生了压抑，而不是压抑产生了焦虑。这一点在史蒂文斯的诗作里到处都得到证实。可以想见，史蒂文斯知道“自我”和“本我”都是有组织的体系，甚至组织起来相互争斗。但是，史蒂文斯也许好就好在他不了解他的“自我”对优先权和独创性的焦虑是不断地被他的“本我”对前驱者的吸收激起来的。这样，这些前驱者在他身上产生的不是一种吹毛求疵的力量，而简直像某种本能的生命力。因此，作为气质上的浪漫人文主义者和焦虑方面的缩削型反讽家，史蒂文斯变成了一个各种诗质的惊人的混合体——包括外国的和本国的诗质。他证明了，最强大的现代诗歌是由“阿斯克西斯”创造出来的，但是，他又使我们感到无比憾恨——他缩削掉了他本可以做出的更伟大的成就——如果他能摆脱那可怕的误读必然性。请看他对爱默生的误读：

下午显而易见是一个源泉。
太宽阔，太艳丽，还能不宁静?

太喜欢思考，还能没有思想?
最模糊的祖先，最模糊的族祖，
日日沉思的庄严，

下午悄然无声地来来往往，周而复始；
我们思维着，无论太阳是否照耀大地；
我们思维着，当微风吹过田野里的池塘

有时候，我们用披风盖住我们的诗句，因为

还是这微风，越来越增强力量，发出了声音——
像冬天到了尽头时减弱到最弱的风声。

一位新学者代替一位年长的学者
思考了一会儿刚才那出幻想剧。他要找一个人——能解说一下剧情。

寻求一位能解说一下剧情的人物，这种寻求乃是对更大的爱默生式梦想的缩减，在威胁着不要成为爱默生所说的伟大的失败，而要成为适合苦行精神的那种失败或诗歌本身的失败。

第六章 "阿波弗里达斯"或死者的回归

没有泊舟的锚地。
没有睡眠，也没有死亡。
看上去死了的人还活着。

——爱默生

恩培多克勒认为，我们死时灵魂会回归它的源泉——火。但是，我们的魔性——内疚加上时刻潜在的神性——并不是来自火，它来自我们的前驱者。偷来的成分必须归还，但魔性从来不是偷得的，而是承继下来的，在死亡的时候接着传给新人。这样的新人是能够同时接受邪恶和神性的迟来者。

想象力的谱系追溯的是魔鬼的血统，而不是灵魂的血统。不过，这两种遗传家世不乏相同之处：

也许一个人的存在是对另一人的
惩罚，就像儿子的存在之于父亲。

也许，一位强者诗人的劳作就是在为一位前驱诗人的作品赎罪。而更可能的情况是，后来的幻觉的净化是以前面的幻觉为代价的。但是，死了的强者诗人还会回归——在诗歌里，也在我们的生活里。而他们的回归必然会给健在者投下阴影。完全成熟的强者诗人最容易在他与死者的修正关系的这一最后阶段处于被动地位。在求索终极清晰性的诗歌里，这种被动性表现得格外明显——因为它们希望成为最终的定论，希望成为强者诗人独有禀赋的确证（或希望我们记住它们是强者诗人独有禀赋的确证）：

我站起来了，为了那块空间——
林木和水面的景观似乎占据着的空间，

天虽已大亮，比那寻常的阳光具有更高神性的
柔和光迹
洒向大地，这块地方立即

充满了魔术般的声音，编织出一支
已被遗忘的乐曲，使感官深感困惑……

在这首诗里，临终前的雪莱又一次感受到了华兹华斯的《永生的了悟颂》的恐怖，屈服于他的前驱者的“寻常的阳光”：

——我，千千万万中的我，
被扫掉了——我，迟开还不算太久的最芬芳的花朵；
我，不是那阴影，也不是那孤寂；

我，不是那堕落的流水的忘川曲；
我，不是那原初“理式”的鬼影，
它在活动中游弋——我在

我投身过的生命力之风暴中的
最混浊的波涛里，坦着胸膛搏击
那寒光的所在——它的气势变形得太快了。

1822 年，当雪莱经历这一终极幻景时，华兹华斯作为诗人早已死亡（虽然肉体上的华兹华斯要比雪莱多活 28 年，直到 1850 年才逝世）。但是，强者诗人会不断地从冥冥世界回归尘世，只不过是半推半就地把别的强者诗人当他回归的传导体。他们是**怎样**回归的？这是一个具有决定性意义的问题。因为如果他们毫无缺损地回归，这样的回归就会使迟来者陷入穷困境地，使他们在人们的记忆中（如果人们还记得他们）必然成为最终的贫困者——永远无法克服想象力的贫乏。

“阿波弗里达斯”是阴森森的不吉祥的日子，届时，死者又回到他们生前的居所，又来到最强者诗人面前；不过，对于真正的最强者，还有一个辉煌的终极修正行动使这最后一次回潮也得到净化。叶芝和史蒂文斯是 20 世纪的最强者诗人，而勃朗宁和狄金森是 19 世纪后期的最强者诗人。他们身上生动地体现了这种最精妙的修正比。他们都获得了一种风格，使他们获得并奇妙地保持了领先于他们的前驱者的地位，从而几乎推翻了时间的专制。我们可以认为，在某些关键时刻，**他们为他们的前驱者所模仿。**

谈到这里，我想把这一现象跟博尔赫斯的高见区别一下——后者认为艺术家**创造了**他们的前驱者，例如博尔赫斯的卡夫卡创造了博尔赫斯的勃朗宁。但是，我在这里指的是一种更激进而且（可能是）更荒诞的现象，一种胜利的现象——在迟来者诗人的作品里，前驱者被放到这样一个位置，使**他的**作品中的某些章节看上去似乎并没有预示迟来者诗人的降临；反过来，倒是这些章节本身却应归功于迟来者诗人自己获得的成就，甚至（还必然）会被迟来者诗人的更辉煌的光芒削弱。强有力的死者回归了，但打的是我们的旗号，发出的是我们的声音——至少是部分如此，至少在某些时刻如此。这些时刻证明了我们的坚毅，而不是他们的坚毅。假如他们完全以他们自身的力量回归，那胜利就是他们的：

当我们默默地想着死者或敬爱者的时候，
最高峰的边缘也能使人惊骇；
在最后这一块光明地域里，
想象力也无法全部完成这个业绩。

勇于生存者已经不再是一只小鸟，但仍然振动双翅
搏击那巨大无边的万物之虚空。

罗斯克本希望借这首诗来树立起一个已故的罗斯克，但不料——哎！——这却是写过《灯塔》（*The Tower*）和《弯弯曲曲的楼梯》的叶芝。罗斯克原打算成为已故的罗斯克，却不料竟然成了写《四重奏》（*Quarters*）的艾略特：

所有的旅程，我想，都是相同的：
向前挺进，在动摇过几次之后，
有那么一会儿只剩我们孤零零地向前，
碌碌不停，只看到我们自己……

史蒂文斯的《来到夏季》（*Transport to Summer*）中有已故的罗斯克。惠特曼的《丁香》（*Lilacs*）中有已故的罗斯克。但是，很遗憾，在罗斯克晚年的作品里几乎找不到已故罗斯克的存在。对罗斯克来说，“阿波弗里达斯”的到来是一场席卷一切的浩劫，剥夺了他的力量。但是，这种力量已经实现了，已经成为他的一部分了。罗斯克并没有给我们一个“阿波弗里达斯”的肯定的、修正意义上的范例，在叶芝、艾略特、史蒂文斯或惠特曼的诗作里，没有哪一段会使人感到是罗斯克写就的作品。在丁尼生的《圣杯》（*The Holy Grail*）精心描述的惨相里，当珀西弗尔单枪匹马踏上毁灭性探索的旅途时，我们可能会朦胧地感觉到，这位桂冠诗人似乎受过艾略特的《荒原》（*The Waste Land*）的过度影响。因为艾略特也成了一位使“阿波弗里达斯”逆转的大师。我们也可以以当代的阿什贝利的成就为例。在他的力作《片段》（收入《春日重梦》[*The Double Dream of Spring*]）中，阿什贝利会使我们想起史蒂文斯，使我们不安地发现，有时候史蒂文斯的诗听起来太像是阿什贝利写的——这的确是一种我简直难以想象的成就。

“阿波弗里达斯”的积极功能在“美”的意境里添入了“奇”的色彩。而对这种“奇”做最佳阐述者莫过于佩特。也许整个浪漫主义风格的高潮期所依赖的就是让死人穿着活人的衣服表现，仿佛死去的诗人被赋予了比他们自己能找到的灵活得多的自由。试比较史蒂文斯的《叔叔

的单眼镜》(*Le Monocle de Mon Oncle*)和得他真传的“儿子”约翰·阿什贝利所写的《片段》:

像一个陷入情网的书呆子,我看到
一个古老的侧面触动着一个新的头脑。
它来了,它开花了,它结了果然后死去。
这微不足道的比喻揭示了一个真理。
我们的花已经开过了。我们是鲜花结出的果实。
两只金色的葫芦在我们的藤蔓上膨胀,
终于进入了秋天,溅着清霜,
太胖了,模样都扭曲了,变得奇形怪状。
我们像长着疙瘩的倭瓜,带着纹理和辐射状线条,
哈哈大笑的天空将看到我俩,
被冬天腐蚀性的雨水冲刷得只剩一张外皮。

——《叔叔的单眼镜》Ⅷ

像一只血橙,从里到外,我们操着同一种语汇,
透过切口里的灰尘,
可以看到中间那一个圆周,
乃是我们的想象轨道。其他的词汇,
陈旧的方式只不过是装饰品和附属物,
目的只是使我们周围起一些变化,就像一个洞穴。
没有什么可笑的事情——
在这儿。我们的不平衡的核心应该孤立化,
同时又细心地支撑起
它的整个小慈姑一样的头部——想象之善。

——《片段》XIII

关于“影响”的比较陈旧的观点会认为,这两节诗中的第二节是从第一节里“派生”出来的。但是,懂得了“阿波弗里达斯”这一修正比,我们就能揭示出:在与死者进行的不自愿的较量中,阿什贝利获得

了相对胜利。这一特点虽然重要，但对史蒂文斯并不是起核心作用的因素。然而，对于阿什贝利，这一特点却自始至终体现着他的伟大。没有这一点，他是很难赢得胜利的。现在，当我阅读《叔叔的单眼镜》时(且不去涉及史蒂文斯别的诗)，我无法不听到阿什贝利的声音，因为这种语气是他的成就。阿什贝利的声音是无法回避的，也许永远如此。而当我读着《片段》时，我往往不会联想起史蒂文斯，因为他的存在已被弄得温和了。尽管早期阿什贝利的作品已经展示出他的远大前途，尽管他的第一部诗集《一些树》（*Some Trees*）已经显示出他的辉煌成就，尽管在他身上已经可以看出想与老师分道扬镳的那种“克里纳门”现象，但是，史蒂文斯的强大的支配力量是他无法回避的：

年轻人把一间鸟舍
放在蓝色的大海边。他走了，
而它留了下来。现在，别的

人出现了，但是他们住在箱子里。
大海像墙壁一样保护他们
神祇们崇拜一幅女人的

线条画，在大海的阴影里——
大海在继续地画着。是海岸上
有碰撞和交流，抑或当这

女人离开时一切秘密都
云消雾散？是那只鸟儿在波浪的
记录之中，还是陆地在推进？

——《生活在桌面上》Ⅱ

这种气氛是《弹蓝色吉他的男人》（*The Man with the Blue Guitar*）的基调，他焦急地想从严峻得无法忍受的一幅图景中做一次转向：

慢慢地石头上的常青藤

变成了石头。女人们变成了

城市，孩子们变成了田野
而波浪中的男人们变成了大海。

是琴弦在编织谎言。
是大海回归到了男人，

田野禁锢了孩子们，野草成了
砖墙，苍蝇被逮住了，

没有翅膀，奄奄一息，可还是活着。
不协调只是在扩张。

在腹部阴深处，
在时间的岩石上，时间在生长。

——《弹蓝色吉他的男人》Ⅺ

早期阿什贝利的诗暗示在我们之中存在着“碰撞和交流”，即使面对的是大海——显示其力量超过我们的心智的感性宇宙。但是那首亲本诗，虽然会在相似的带慰藉感的情绪中化解自己，却使得诗人和他的读者因强烈地感到“不协调只是在扩张”而焦虑不安（当我们的“碰撞和交流”的声音面对着大海更强烈的节奏时）。早期阿什贝利妄图软化他的诗人父亲的地方，成熟的阿什贝利——写出《片段》的阿什贝利——则颠覆甚至俘虏了他的前驱，即使他显得似乎更彻底地接受了他的前驱。在父亲的记录里也许仍然不会提到新人，但是他本身的想象力取得了进展。在到达最后阶段之前，史蒂文斯一直是犹豫不决的，无法肯定地坚持或反对浪漫主义高潮时期的观点：诗人心智的力量可以战胜弥漫在整个宇宙中的死亡，或战胜被离间了的客观世界。他在《慢舞》（*Adagia*）中说过，世界并不是每天都在一首诗里把自己安排得有条不紊。他的豁达而焦急的弟子阿什贝利向误读的辩证法提出了挑战，以求每天都把世界安排进一首诗中：

可是，我应该从中得出什么结论呢？是从
操纵者的手里强夺来的许多相同的
取消抵押品赎回权的证书吗——像是一次判决
却仍然是梦境的气氛？两个人在尘埃里
可能碰撞，这意味着无影状的劫掠已经来到
其任务没有完成：空间还是那样
宏大而干涩。在未来几个月
平淡的黄昏里，她会记得那位
反常者曾经跟她说过些话——语句像支离破碎的海滩
在空气的前进信号下变成灰褐色。

这是《片段》的最后一节，它使阿什贝利绕了360度的一圈又回到了他早期的《生活在桌面上》。那里，“在海岸上存在着碰撞和交流”，但它们都“在这个黄昏里碰撞”。对于早期诗中提出的问题“是陆地在推进”吗，灰褐色的支离破碎的海滩做了部分否定的回答。而同时，“空气的前进信号”也做出了部分回答。在《片段》的其他地方，阿什贝利曾经写道：“祖先这样解释后，一切都以他预言的方式发生了，但以一种滑稽的方式。”积极方面的“阿波弗里达斯”的力量使这位求索者获得了那首格言诗中的不容置疑的智慧——诗名起得很贴切，叫作“最快捷修补”。其结尾是这样的：

……学会接受
艰难时刻的爱——当它们被展放出现时，
因为这是行动，这并不很可靠，这是粗心的
准备，在阡陌边垄沟里播下弯曲变形的种子，
准备好遗忘它们，并且总是走回到
出发时的那个泊位——出发的日子已经很久远了。

阿什贝利在这儿已经达到了诗体的神秘境界——但只能通过对误读

的个性化才可达到。

诗体的神秘性在每个强者诗人身上都体现出其风姿——接近成熟的自我对自身个性的欣赏。这种自恋就是弗洛伊德所说的“基本的”和“正常的”，是“对自我保存本能的唯我中心的力比多补充”。强者诗人对自己的诗歌的爱恋，**就其本身而言**，必然排斥一切其他诗歌存在之现实——除了排斥不了的，亦即“与前驱诗歌的初始认同”。根据弗洛伊德的观点，任何脱离初始自恋的行为都会促进自我的发展。用我们的话说就是：脱离认同之外的对修正比的运用**即是**通常称为“诗歌发展”的过程。假如全部客体力比多真是发源于自我力比多，那我们就可以推测，每一个新人的被一位前驱发现的初始经验只有通过过度的自恋才成为可能。“阿波弗里达斯”，当它为有能力的想象力所操纵的时候，当它为一直保持其自身强劲的强者诗人所操纵的时候，与其说是死者的回归，毋宁说是早年的自我陶醉之回归的一次庆典，而正是这自我陶醉使得诗的创作成为可能。

强者诗人窥视着他那堕落了的前驱者的镜鉴，但在里面既看不到前驱者，也看不到他自己。他看到的是一个诺斯替式的重影——是他和他的前驱者久已渴望但又害怕变成的黑森森的“他性”或“对偶性”。在这种最深刻的回避中，积极的“阿波弗里达斯”的复杂的假冒操作使其本身得以成立，从而使得勃朗宁、叶芝和史蒂文斯的最后阶段成为可能——他们都战胜了老年。《阿索伦多》、《最后的诗和戏剧》以及史蒂文斯《诗集》中的《岩石》一章都是“阿波弗里达斯”的惊人体现。在某种意义上，其动机和效果就是使我们能够以不同的方法去阅读华兹华斯、雪莱、布莱克、济慈、爱默生和惠特曼的诗。似乎这些近现代大诗人的最后阶段既不是为了最终肯定自己毕生的信念，也不是为了写几首否定自己以前的诗歌的翻案诗，而是为了最终确定一下祖先的位置——把他们再缩削一番。然而，这就使我们涉及“阿波弗里达斯”的中心问题了：是否还存在一种跟影响的焦虑有别的文体的焦虑？还是这两种焦虑已经合二为一了？如果本书的论点是正确的，那么将近三个世纪以来的大多数诗歌的隐蔽主题就一直是影响的焦虑——每个诗人都害怕已经没有合适的工作剩给自己干了。毋庸置疑，自有文学标准以来就一直存在着一种对于文体的焦虑。但是，我们看到“焦虑”这一概念（以及诗人在这方面的道德规范）已经随着启蒙运动后的二元论的发展在起变化。那么，当影响的焦虑开始起变化时，文体的焦虑是否也一样在起变化呢？在影响的焦虑还没有发展之前，现今一切新诗人无法承受的文体个性化负担是不是也那么巨大呢？今天当我们打开一卷诗集时，我们就聆听着——想听到一个新鲜的声音。如果这个声音没有在某种意义上和其前驱或伙伴有相异之处，我们往往就会弃之而去，不再管它想说些什么。塞缪尔·约翰逊博士对影响的焦虑体会甚深。但是，他在阅读新诗人的诗作时使用的试金石仍然是：有没有新意？约翰逊很不喜欢格雷，但他在读到格雷诗中那些有独创性的思想时仍然会赞不绝口：

> 《墓园挽歌》这首诗充满了在每个人头脑里都可以找到的意象和能使每个人的心弦都发出共鸣的情感。我感到以“即使这些白骨”开头的那四节很有独创性：我在别的地方从来没有看到过这些新鲜概念。但是，读着这些诗句的人却无法不感到这些概念似曾相识。要是格雷常常写出这样的东西来，我们就无法苛责他，当然也无须赞扬他了。

这里讲的是“每一个读者**都已感到**——或说服自己感到——的**新鲜概念**”。这可比这段话更难理解。约翰逊是不是真的感觉这四个诗节非常新颖独到？

> 即使这些白骨，也总立一块薄碑
> 不至为人践踏，
> 装饰些鄙陋的诗句，不成样的雕刻，
> 恳求过路人馈赠一声叹息。
>
> 粗通文墨的诗人拼出他们的姓氏和生卒
> 代替那声誉和挽歌；
> 到处点缀些《圣经》上的句子
> 教导乡人如何去死。

谁人愿舍下这可爱而忧虑的生命，
被人遗忘，不再为人提起？
谁人能离开这欢声笑语的温暖，
不留下希求眷恋的最后一瞥？

离别的灵魂依求慈爱的心肠，
闭合的眼睛想望虔诚的泪珠；
即使在坟墓里，自然的声音也要呼喊，
即使在我们的灰烬里，也燃烧着故人惯常的火焰。

斯威夫特、蒲柏的“奥德赛”、弥尔顿的魔鬼、卢克莱修、奥维德以及彼特拉克在这里都是格雷的前驱者。因为，学识渊博的格雷一动笔几乎总要把他自己尽可能地和每一位文学先辈挂上钩。约翰逊是学富五车的批评家，为何他要赞美这几节诗中并不存在的独创性呢？答案也许是这样的，这一首诗淋漓尽致地道出了约翰逊内心感受最深的忧虑。发现一个同时代的知音，能比本人更深刻地道出自己内心的感受，且是约翰逊本人无法道出的感受。在这种情况下，约翰逊当然情不自禁地认为格雷此诗具有不可比拟的独创性。格雷的这几节诗所大声疾呼的恰好是被影响的焦虑从我们身上剥夺了的最低限度的隐喻性的不朽性。我们可以很有把握地认定，每当约翰逊那强烈的情感发现了新颖的文学内容，这种发现必定会牵扯进约翰逊的压抑。但是，由于约翰逊是一个阅读面如此广的读者，因而他的情况也展示了其他许多读者的倾向——这种倾向肯定能够在我们内心极力回避的那些概念里得到发现。约翰逊讨厌格雷的文体，但是他看出在格雷的诗歌里“文体的焦虑”和“影响的焦虑”已经很难分辨。他还是原谅了格雷的一段文字——在这段文字里格雷把对自我保存的焦虑统称为一种更广泛的情绪。约翰逊在评论他的可怜的朋友柯林斯时其实也包括了格雷。约翰逊是这样说的：“他老是爱用陈词滥调，且是不值得复活的陈词滥调。他用词造句总是越出常规。他似乎认为，那些亟待成名的后生只要不写散文，就一定是写诗了。”看来，约翰逊已经把独创性的负担和文体问题合二为一了。他在斥责他认为的蹩脚文体时，实际上批评的是缺乏新鲜的内容。所以，看起来约翰逊是站在我们的对立面的。但是，只要我们忽视内容，只追求新诗人风格的个性化，那么约翰逊还是我们的老前辈。最迟不超过 18 世纪 40 年代，文体的焦虑跟相对较晚出现的影响的焦虑就开始了殊途同归的过程。这一过程在 20 世纪后半叶似乎达到了高潮。

我们也能看到在田园挽歌和它的后代（派生诗种）之间的这种合并。因为当一个诗人为他的前驱——（或更多的是为他的另一位同时代诗人）——唱出哀歌时，他往往也袒露了他自己内心深处的焦虑。摩斯科斯（Moschus）在哀悼彼翁（Bion）的挽歌里，一开头就说挽歌从此没有了生命，因为“他已经死了，美妙的歌唱者已经死了”：

啊！浓密的树叶里婉转哀啼的夜莺，
请你告诉阿莱瑟索的西西里海水
牧人彼翁已经死了。
随着彼翁，歌也死了，
多利安的歌谣亦随之销声匿迹。
开始吧，西西里缪斯们，开始唱哀歌吧。

可是，当《哀彼翁》这首挽诗还远远没有结束的时候，摩斯科斯已经高兴地发现（必须发现），彼翁死了，但歌并没有完全随着他而死去。

……但是，我要为你唱出一支奥索尼悲歌，
我对田园诗并不陌生，但我是多利安缪斯的继承人
——你曾经教过你的弟子们。这就是
你给我的礼物。你把财富留给别人，把歌谣
留给了我。
开始吧，西西里缪斯们，开始唱哀歌吧。

伟大的田园挽歌——实际上也是一切为诗人而写的主要挽歌——并不是表达悲哀，而是围绕着挽歌表达作者自己创作上的焦虑。因此，他们用来安慰死者的是他们自己的抱负（如《利西达斯》和《酒神杖》）。如果不是抱负，就是他们的湮灭和被遗忘（如雪莱的《安东尼斯》

[*Adonais*]、惠特曼的《丁香》、斯温伯恩的《你好，山谷》[*Ave Atque Vale*])。对于“阿波弗里达斯”这个修正比来说，最大的讽刺是，面对死者回归的急迫情况，迟来者诗人努力地颠覆破坏前驱者的不朽性，仿佛一个诗人可以牺牲另一个诗人的来世而达到延长自己的来世的目的。雪莱甚至在他那崇高的自杀性诗作《安东尼斯》——一首令人慑服的不仅仅超越了超然性的诗里，巧妙地剥夺了济慈的特有天赋诗风——英雄自然主义。安东尼斯成了一种“力量”的构成部分。这种“力量”的目的是改变被俄耳甫斯式的雪莱称为“沉闷”而“愚钝”的自然。拥有自然智能者（例如鬼神）认识上帝，了解上帝，因而成了上帝。它们是“拥有领悟力的原子”。但是，济慈对它们的态度却从一开始的欣喜变成了厌烦——讨厌这帮企图阻止“精神”飞跃的蠢货。比起其他启蒙运动后的强者诗人，雪莱对待前驱和同代人的态度要慷慨得多。但是，即使在他身上，误读的辩证法的最后阶段也还是要显露出来。

至少从弥尔顿以后，英美诗歌一直是被严厉排斥的新教教义，因此明显虔诚的诗歌近三百年来基本上是失败的。新教的上帝，就“他”是“人”这一点而言，已经把他作为诗人的父亲角色让渡给了“前驱者”这个挡路人角色。对于柯林斯来说，圣父就是约翰·弥尔顿，而布莱克早期对诺巴达第（Nobodaddy）的反叛则是由《乌里森之书》（*the Book of Urizen*）的核心——对《失乐园》的嘲讽来补充完整的。这种嘲讽还更令人不安地游弋在“四类”的宇宙观里。把影响的焦虑作为潜在主题的诗歌当然是新教诗歌，因为新教的上帝似乎总是把他的孩子们双重禁锢在他的两句诫语里：“要像我”而又“不要装得太像我”。

对神性的恐惧实际上是一种对诗的力量的恐惧，因为当新人刚开始他的诗人的生命循环时，他首先遇到的就是一个十足的神性预见的过程。史蒂文斯说：年轻诗人是神祇。但他又说：老诗人是流浪者。假如神性仅仅是确切地知道下一步将发生什么，那么每一个当代“最下等的人”都可成为诗人。但是，一个强者诗人真正知道的只是**他**下一步将要碰到什么情况；他将要写一首诗，在这诗中他的光辉将显露出来。然而，当一个诗人看到他的人生末日时，他需要更多严酷的证据来证实他一生的诗作并不是那些骷髅在想的东西。他会去寻找被上帝选中的证据，以实现其前驱者的预言——以自己明白无误的个性化语言重新彻底创造那些预言。这便是积极意义的“阿波弗里达斯”的奇异魔力。

叶芝最后阶段的幽灵般的强度中掺进了超然的对暴力的热情，且基本上是为暴力的暴力。借此他很成功地在他的个性化语言里使死者得以回归：

下面，波涛毫无作用地搏击着
愤怒而暴躁，大声咆哮着去感触
那龙骨的又快又稳的移动
…………
但是她在深处宁静的海底自行其是，
走到神仙们居住的辉煌的仙居，
在波涛起伏的潮水下面。
…………
然后她解开了编好的第二个孩子的襁褓
的形象，并从墙角凹处取出了
棺木——他的最后一只摇篮，
不屑一顾地将它扔到一条沟里。

当我们读雪莱的《阿特拉斯之巫》时，我们会感到雪莱把叶芝读得太深了。在他的脑子里，写拜占庭的几首诗的风格的多样性已经到了无法摆脱的地步。下面是又一个类似情况的例子：

爱着太阳的昆虫，
你的领地里的欢乐！
大气的扬帆者，
空气之波的游泳者，
中午阳光的航行者，
六月里的美食家，
请您等一下，等我赶到
能听到您吟唱的地方，——
听不见的地方，人们都在受折磨。

“听不见的地方，人们都在受折磨”——毫无疑问，这肯定是狄金森的诗。可是不然，这是爱默生写的《谦卑的蜜蜂》（对此诗狄金森表示过某种程度的喜爱）。例子不胜枚举。具有巨人般独特风格的弥尔顿在某些地方显露出华兹华斯的影响。华兹华斯和济慈都带有史蒂文斯的格调。雪莱的《沉西》源自勃朗宁。有时候惠特曼似乎被哈特·克莱恩迷住了。而重要的是，我们应该学会把这种现象区别于它的美学对立面——在读着《吉卜赛学者》和《酒神杖》时，发现济慈的颂诗将把可怜的阿诺德挤出去的那种尴尬。济慈也许有一点过度接受了丁尼生和拉斐尔前派诗人——甚至佩特——的影响，但是他绝不会显得像马修·阿诺德的继承人。

“让死去的诗人为别人让路吧。那时我们甚至会发现：正是我们对已经被创造出来的事物的崇拜……才使我们僵化而失去了活力……”疯狂的阿尔托（Artaud）把影响的焦虑引入了这么一个地方，在那儿，影响和它的反向行为“误读”难以区分。如果迟来者诗人要避免跟随他到那个地方去，他们就必须懂得死去的诗人是不愿意自动为别人让路的。然而，更加重要的一点是，新诗人掌握着更丰富的知识。前驱者像洪水一样向我们压来，我们的想象力可能被淹没。但是，新诗人如果完全回避前驱者的淹没，他就永远无法获得自己想象力的生命。在华兹华斯的阿拉伯梦境里，洪水吞没世界的幻象并没有带给他初始恐惧，倒是先有的那个万物枯萎的幻象一下子就使人毛骨悚然。费伦齐在他的启示录《撒拉瑟：繁殖力理论》（*Thalassa*：*A Theory of Genitality*）中认为，有关洪水的一切神话都是一种颠倒。

> 原本生长在水里的有机物所遇到的首要的危险并不是被淹没，而是枯竭。所以，阿拉拉特山从洪水中升起不仅仅是《圣经》里描述的那种解脱，同时也是一种——从后来的陆居者的立场才能反思出来的——原始灾难。

竭力将他的阿拉拉特山举起的阿尔托至少也是一位文风辛辣的人物。他的弟子们的喧闹令我们想起叶芝的话：我们只是生活在斑斓色彩被磨平了的地方。我们那些尚能展示其才力的诗人则生活在他们的前驱者业已居住了三个世纪的地方：在遮护天使的阴影之下。

尾声　途中有感

奔波了三天三夜的他来到了这个地方，
但他肯定这个地方是不可到达的。

于是他停下来，思考着：

这一定是那个地方。如果我已经到了这个地方，那我就无关紧要了。

或者这不可能是那个地方。那么，也就没有什么后果了，而我还是我自己，没有变得渺小。

或者这可能是那个地方。不过我也许没有到达那个地方。我也许一直在这儿。

或者这儿空无一人，我只是属于这个地方，也住在这个地方。没有人能到达这个地方。

这也许不是那个地方。那么我就还有目标，还有重要性。但是没有到过这个地方。

但这肯定是那个地方。既然我无法到达，我就不是我，我不在这儿，这儿也不是这儿。

奔波了三天三夜的他没能到达那个地方，于是又策马离去。

是这地方认不得他，或者找不到他？是他没有能耐吗？

故事里只提到，一个人应该到达那个地方。

奔波了三天三夜的他到达了这个地方，

但他肯定这个地方是不可到达的。

人大版译后记

20 世纪 80 年代中期，任教于深圳大学中文系的刘小枫教授为三联书店组织一套学术丛书：“现代西方学术文库”。当时我在外语系工作，有幸接受刘教授的邀约，翻译当代美国著名文学评论家哈罗德·布鲁姆的名著《影响的焦虑》(*Anxiety of Influence*)。70 年代末我在上海外国语学院读研究生时，曾向美国专家借阅过此书，读了以后的感觉是：深奥，相当有难度；不少章节都感到模棱两可，难以把握。因为有这一段经历，所以接受刘教授交代的译书任务后，一点不敢马虎。先用两个月时间把这本“薄薄的小书”通读了两遍，才敢动笔译初稿；直到半年后才交出译稿。1989 年 6 月汉译本《影响的焦虑》(三联版) 付梓，与该书的英文版 (牛津大学出版社，1973 年) 相隔已经 16 年了。

1997 年英文版出了第二版，依然是牛津版。与 1973 年的初版相比，该版增加了一篇布鲁姆亲自撰写的“前言”(Preface)，汉译为“再版前言”。“前言”的标题为“玷污的苦恼”(The Anguish of Contamination)。顾名思义，布鲁姆对初版问世以来各方面反应之褒贬不一是相当不满意的。他感到“苦恼”，感到学术名望受到了“玷污”。我在“代译序”的最后一段里将此中的来龙去脉做了简单的交代。也许是这篇“前言”实在太长了，所以和正文合并在一起以第二版的形式面世。

第二版增加的“前言”的汉译工作是江苏教育出版社的席云舒经理和苏州大学的季进教授邀约的（两位都是“西方现代批评经典译丛”的编委，季进教授还兼职执行主编）。在完成“玷污的苦恼”的汉译工作后，我对正文的译文也做了一些文字上的修订。《影响的焦虑》的“修订版”由江苏教育出版社在2006年正式推出。此版装帧相当精致，又不失严肃大方。此时距三联版已有17年了。

此次蒙中国人民大学出版社垂青，使《影响的焦虑》汉译本有机会再度与汉语读者见面。这样一部学术性甚强、阅读门槛甚高的文学批评类当代名著，能有第三度为汉语读者服务的机会，确实是一件值得欣喜的事。在人大版的准备过程中，我通读了一遍译文，对布鲁姆为第二版撰写的“前言”做了比较细致的双语对照校订。

最后，借人大版面世的机会，我想对本次执行初审工作的陈胤老师表示诚挚的谢意。陈老师的初审工作非常认真细致，为我提出了多处宝贵意见，使译文避免了若干因译者疏忽而产生的瑕疵。这种高度的责任心的确值得我学习。

徐文博

2018年12月

于深圳益田村

The Anxiety of Influence：A Theory of Poetry，2e by Harold Bloom
9780195112214

图书在版编目（CIP）数据

影响的焦虑：一种诗歌理论/（美）哈罗德·布鲁姆（Harold Bloom）著；徐文博译．—新1版．—北京：中国人民大学出版社，2019.3
（当代世界学术名著）
书名原文：The Anxiety of Influence：A Theory of Poetry
ISBN 978-7-300-26822-4

Ⅰ.①影… Ⅱ.①哈… ②徐… Ⅲ.①文学心理学 Ⅳ.①I0-05

中国版本图书馆 CIP 数据核字（2019）第 045965 号

当代世界学术名著
影响的焦虑
一种诗歌理论
［美］哈罗德·布鲁姆（Harold Bloom） 著
徐文博 译
Yingxiang de Jiaolü

出版发行	中国人民大学出版社		
社　　址	北京中关村大街31号	**邮政编码**	100080
电　　话	010－62511242（总编室）		010－62511770（质管部）
	010－82501766（邮购部）		010－62514148（门市部）
	010－62515195（发行公司）		010－62515275（盗版举报）
网　　址	http://www.crup.com.cn		
经　　销	新华书店		
印　　刷	运河（唐山）印务有限公司		
规　　格	155 mm×235 mm　16开本	**版　　次**	2019年3月第1版
印　　张	11 插页2	**印　　次**	2022年8月第3次印刷
字　　数	149 000	**定　　价**	39.00元